Wadii Boulila

Prédiction des changements en imagerie satellitaire

Wadii Boulila

Prédiction des changements en imagerie satellitaire

Approche basée sur l'extraction de connaissances spatiotemporelles incertaines

Presses Académiques Francophones

Impressum / Mentions légales

Bibliografische Information der Deutschen Nationalbibliothek: Die Deutsche Nationalbibliothek verzeichnet diese Publikation in der Deutschen Nationalbibliografie; detaillierte bibliografische Daten sind im Internet über http://dnb.d-nb.de abrufbar.
Alle in diesem Buch genannten Marken und Produktnamen unterliegen warenzeichen-, marken- oder patentrechtlichem Schutz bzw. sind Warenzeichen oder eingetragene Warenzeichen der jeweiligen Inhaber. Die Wiedergabe von Marken, Produktnamen, Gebrauchsnamen, Handelsnamen, Warenbezeichnungen u.s.w. in diesem Werk berechtigt auch ohne besondere Kennzeichnung nicht zu der Annahme, dass solche Namen im Sinne der Warenzeichen- und Markenschutzgesetzgebung als frei zu betrachten wären und daher von jedermann benutzt werden dürften.

Information bibliographique publiée par la Deutsche Nationalbibliothek: La Deutsche Nationalbibliothek inscrit cette publication à la Deutsche Nationalbibliografie; des données bibliographiques détaillées sont disponibles sur internet à l'adresse http://dnb.d-nb.de.
Toutes marques et noms de produits mentionnés dans ce livre demeurent sous la protection des marques, des marques déposées et des brevets, et sont des marques ou des marques déposées de leurs détenteurs respectifs. L'utilisation des marques, noms de produits, noms communs, noms commerciaux, descriptions de produits, etc, même sans qu'ils soient mentionnés de façon particulière dans ce livre ne signifie en aucune façon que ces noms peuvent être utilisés sans restriction à l'égard de la législation pour la protection des marques et des marques déposées et pourraient donc être utilisés par quiconque.

Coverbild / Photo de couverture: www.ingimage.com

Verlag / Editeur:
Presses Académiques Francophones
ist ein Imprint der / est une marque déposée de
AV Akademikerverlag GmbH & Co. KG
Heinrich-Böcking-Str. 6-8, 66121 Saarbrücken, Deutschland / Allemagne
Email: info@presses-academiques.com

Herstellung: siehe letzte Seite /
Impression: voir la dernière page
ISBN: 978-3-8381-7805-9

Résumé

L'interprétation d'images satellitales dans un cadre spatiotemporel devient une voie d'investigation de plus en plus pertinente pour l'étude et l'interprétation des phénomènes dynamiques. Cependant, le volume de données images devient de plus en plus considérable ce qui rend la tâche d'analyse manuelle des images satellitales plus difficile. Ceci a motivé l'intérêt des recherches sur l'extraction automatique de connaissances appliquée à l'imagerie satellitale.

Notre thèse s'inscrit dans ce contexte et vise à exploiter les connaissances extraites à partir des images satellitales pour prédire les changements spatiotemporels de l'occupation du sol.

L'approche proposée consiste en trois phases : i) la première phase permet une modélisation spatiotemporelle des images satellitales, ii) la deuxième phase assure la prédiction de changements de l'occupation du sol et iii) la troisième phase consiste à interpréter les résultats obtenus.

Notre approche intègre trois niveaux de gestion des imperfections : la gestion des imperfections liées aux données, la gestion des imperfections liées à la prédiction et finalement la gestion des imperfections liées aux résultats. Pour les imperfections liées aux données, nous avons procédé par une segmentation collaborative. Le but étant de réduire la perte d'information lors du passage du niveau pixel au niveau objet. Pour les imperfections liées à la prédiction, nous avons proposé un processus basé sur les arbres de décisions floues. Ceci permet de modéliser les imperfections liées à la prédiction de changements. Finalement, pour les imperfections liées aux résultats, nous avons utlisé les techniques de Raisonnement à Base des Cas et de fusion pour identifier et combiner les décisions pertinentes concernant la prédiction de changements.

L'expérimentation de l'approche proposée est scindée en deux étapes : une étape d'application et une étape d'évaluation. Les résultats d'évaluation ont montré les bonnes performances de notre approche mesurées en terme de taux d'erreur par rapport à des approches existantes.

Mots-clés : imagerie satellitale, extraction automatique de connaissances, fouille de données, prédiction de changements, connaissances spatiotemporelles, incertitude, imprécision.

Abstract

The interpretation of remotely sensed images in a spatiotemporal context is becoming a valuable research topic for dynamic phenomena. However, constant growth of the amount of data used in the remote image sensing field makes the manual analysis of satellite images a challenging task. Data mining has recently emerged as a promising research field that led to several interesting discoveries related to remote sensing.

This thesis presents a new approach based on data mining to predict spatiotemporal land cover changes in satellite image databases.

The proposed approach is divided into three steps : spatiotemporal modeling of satellite images, prediction of land cover changes and result interpretation.

The proposed approach integrates three levels of imperfection processing : data related, prediction related and results related imperfection. In order to take into account imperfection related to data, a collaborative segmentation is performed. The goal is to reduce information loss when we attempt to model satellite images. Imperfection related to land cover change prediction is processed by applying a fuzzy decision tree in the prediction process. Decisions describing land cover changes are evaluated through a Case Based Reasoning (CBR) in order to retrieve relevant decisions. These decisions are combined through a high decision scheme to obtain more accurate and reliable decisions.

The experimentation of the proposed approach is divided into two parts : application and evaluation. Results show good performance of the proposed approach measured in terms of precision accuracy comparatively with existing approaches.

Keywords : satellite image, automatic knowledge discovery, data mining, prediction, land cover changes, spatiotemporal knowledge, uncertainty, imprecision.

Table des matières

Liste des figures

Liste des tableaux

Introduction générale

Contexte du travail

L'analyse d'images satellitales dans un cadre spatiotemporel devient une voie d'investigation de plus en plus pertinente pour l'étude des phénomènes dynamiques et l'interprétation de leurs évolutions au cours du temps. Les séries temporelles d'images satellitales représentent à nos jours une source d'information importante pour le suivi de la surface terrestre à différentes échelles. Les applications sont multiples et couvrent plusieurs domaines. Parmi ces domaines, nous citons la prédiction de changements de l'occupation du sol. L'enjeu de prédiction s'explique par la difficulté de contrôle de ce domaine et ses conséquences sur la structuration et le bon fonctionnement du territoire [44].

Avec l'apparition des capteurs à très hautes résolutions spatiales, spectrales et temporelles, nous obtenons un volume de données riche en information permettant un suivi fin de l'occupation du sol. Cependant, ce volume devient de plus en plus considérable ce qui rend la tâche d'analyse manuelle des images satellitales plus difficile. Ce problème a motivé l'intérêt des recherches sur l'extraction automatique des connaissances appliquée à l'imagerie satellitale. L'Extraction de Connaissances à partir des Bases de Données (ECBD) est définie comme la découverte d'informations enfouies dans de très grands volumes de données [61]. L'ECBD offre de nouvelles perspectives à caractère prévisionnel tel que la prédiction de changements de l'occupation du sol et à caractère décisionnel telles que l'amélioration de la classification, la découverte des nouvelles classes et la prise de décision sur le comportement d'un type donné d'occupation du sol.

Problématique

Le travail proposé dans le cadre de cette thèse vise à proposer une approche basée sur l'ECBD en imagerie satellitale permettant de produire un modèle prédictif de l'occupation du sol. L'approche proposée doit être capable de s'interfacer aux problèmes suivants :

- Complexité des données : l'extraction automatique des connaissances à partir

1

des données images dépasse largement son cadre traditionnel et implique un ensemble d'opérations relativement complexes. Parmi ces opérations nous citons : la segmentation des images, le traitement et l'extraction des descripteurs caractéristiques de ces images, la recherche par similarité, etc.

- Composantes spatiotemporelles : l'approche proposée doit tenir compte des relations spatiale et/ou temporelle entre les objets d'une scène. Ces relations sont multiples pouvant être métriques, directionnelles ou topologiques.

- Imperfections des données : l'imperfection accompagne toutes les étapes du processus de prédiction de changements de l'occupation du sol. Ces imperfections peuvent être liées aux données, à la prédiction et aux résultats comme le montre la Figure 1.

- Prédiction de changements : la prédiction de changements de l'occupation du sol exige la détermination des facteurs qui provoquent ces changements et le choix des variables permettant de décrire les changements observés. Ces facteurs sont souvent complexes, diversifiés et changent selon le milieu et le contexte de travail considéré. Afin de garantir une bonne prédiction, le processus de prédiction de changements doit être capable de mémoriser les facteurs intervenant dans les changements. Il doit être aussi capable d'intégrer les nouvelles connaissances acquises lors du processus de prédiction.

- Extraction de connaissances : Le processus ECBD appliqué pour la prédiction de changements génère un volume important de connaissances décrivant les changements. Or, ces connaissances ne sont pas toutes pertinentes et non pas toutes le même degré d'importance pour l'utilisateur. Proposer une approche d'ECBD capable d'identifier les connaissances pertinentes parmi la totalité des connaissances générées demeure un défi majeur pour la prédiction de changements.

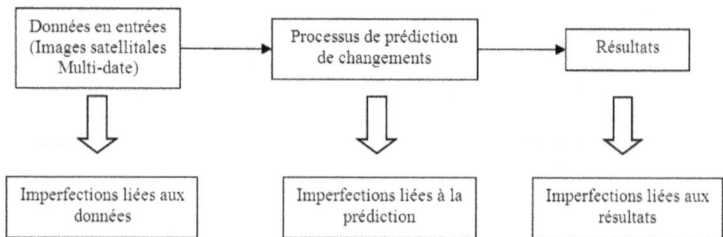

Figure 1 — Niveaux d'imperfections.

Contributions

L'objectif de notre thèse consiste à construire une approche d'extraction de connaissances spatiotemporelles permettant de produire un modèle prédictif de l'occupation du sol. Les contributions apportées dans le cadre de ce travail sont :

- Une modélisation des images satellitales qui intègre les connaissances spatiotemporelles des objets extraits des scènes en imagerie satellitales. Cette modélisation permet le suivi de la dynamique selon la composante spatiale et/ou temporelle des objets.
- Une prédiction de changements de l'occupation du sol basée sur la logique floue et sur les systèmes experts. D'une part, ceci permet de tenir en compte des incertitudes et/ou des imprécisions liées à la prédiction de changements de l'occupation de sol par le biais d'une modélisation basée sur la logique floue. D'autre part, il permet d'exploiter l'apport en apprentissage des systèmes experts pour améliorer la prise de décision concernant les changements de l'occupation du sol.
- Un cadre de travail basé sur le Raisonnement à Base des Cas (RBC) permettant l'évaluation de la pertinence des connaissances décrivant les changements de l'occupation du sol. Le RBC intègre des mesures d'intérêts objectifs et subjectifs permettant une meilleure distinction des connaissances pertinentes.
- Une exploitation du concept de fusion pour combiner les décisions multiples concernant les changements de l'occupation du sol et ceci dans le but de garantir une bonne prédiction de l'occupation du sol.

Ce manuscrit est organisé de la manière suivante :

le premier chapitre décrit un état de l'art sur l'extraction de connaissances spatiotemporelles en imagerie satellitale. Il présente un aperçu général sur l'imagerie satellitale, l'extraction de connaissances à partir de bases de données et l'extraction de connaissances spatiotemporelles en imagerie satellitale.

Le deuxième chapitre traite les imperfections associées à l'extraction de connaissances spatiotemporelles. Il présente, dans une première partie, les différents types d'imperfections. Dans une deuxième partie, il explique les différentes étapes de prise en compte de ces imperfections. Finalement, dans la dernière partie, il expose les méthodes utilisées pour la modélisation de données imparfaites.

Le troisième chapitre est dédié à l'étude des différents modèles de prédiction de changements spatiotemporels en imagerie satellitale. Ces modèles sont divisés en deux familles : basés sur un raisonnement dur et sur un raisonnement approximatif. Une comparaison de ces modèles est élaborée afin d'illustrer les caractéristiques de chacun de ces modèles.

Le quatrième chapitre expose l'approche proposée de prédiction de changements spatiotemporels de l'occupation du sol. Cette approche est basée sur un processus d'extraction de connaissances spatiotemporelles incertaines à partir des images satellitales. Ce processus consiste en 3 phases : une phase pour la modélisation spatiotemporelle des images satellitales, une phase pour la prédiction des changements et une dernière phase pour la gestion des données imparfaites.

Le dernier chapitre constitue une expérimentation de l'approche proposée. Il est divisé en deux parties : la première partie est consacrée pour l'application de l'approche, la deuxième partie est consacrée pour l'évaluation des performances de cette approche par rapport à des approches déjà existantes.

1

Extraction de connaissances spatiotemporelles en imagerie satellitale

Sommaire

1.1 Introduction

De nos jours, l'imagerie satellitale constitue une source d'information de première importance dans plusieurs domaines tels que le suivi de l'urbanisme, l'aménagement des territoires, la cartographie, l'étude de l'évolution du tissu végétal, l'étude des natures des structures, etc. Elle présente, comparée à d'autres moyens tels que la photographie aérienne, les relevés de terrain ou les cartes géographiques, les avantages suivants :

- Les images sont numériques : elles peuvent être traitées par des ordinateurs qui effectuent automatiquement leurs interprétations ou qui modifient leurs aspects en vue de leurs exploitations.
- Les images sont universelles : elles ne connaissent pas de frontière géographique ou politique.
- Les images sont synthétiques : elles sont obtenues à partir de données des même zones, provenant de plusieurs satellites.
- Les images sont actuelles : elles sont renouvellées automatiquement ou à la demande.

De plus, avec la multitude des capteurs à très haute résolution spatiale, spectrale et temporelle, le volume de données satellitales devient de plus en plus considérable. Ceci a motivé l'intérêt des recherches portant sur l'extraction automatique des connaissances à partir des images satellitales. Cependant, l'extraction automatique de connaissances doit tenir en compte l'aspect spatiotemporel que présente les données satellitales afin de pouvoir considérer d'abord les phénomènes dynamiques et interpréter leurs évolutions au cours du temps.

Dans ce chapitre, nous présentons d'abord un aperçu général sur l'imagerie satellitale ainsi que ses caractéristiques. Ensuite, nous définissons l'extraction automatique de connaissances à partir de bases de données. Finalement, nous nous intéressons à étudier l'extraction de connaissances spatiotemporelles en imagerie satellitale.

1.2 Imagerie satellitale

Dans cette première section, nous présentons différents aspects liés à l'imagerie satellitale tels que : les types d'images satellitales, leurs résolutions et les prétraitements effectuées pour les rendre exploitables.

1.2.1 Types d'images satellitales

Nous pouvons classer les images satellitales selon le nombre de bandes d'observation appelées spectres et la nature des capteurs par lesquels elles ont été prises. Nous distinguons des images panchromatiques, multi-spectrales, hyper-spectrale et multi-capteurs.

- **Les images panchromatiques** : elles sont obtenues à partir de l'enregistrement du rayonnement dans un intervalle unique de longueur d'onde situé dans le domaine du visible qui est l'intervalle entre 0,4 et 0,7 μm. Bien que ces images soient moins riches du point de vue résolution spectrale, elles offrent une résolution spatiale très importante.

- **Les images multi-spectrales ou multi-bandes** : elles sont obtenues à partir d'un ensemble de bandes de longueurs d'ondes différentes. Le nombre maximum de bandes utilisées ne dépasse pas 10. A chaque position spatiale de l'image correspond une information spectrale.

- **Les images hyper-spectrales** : Elles sont obtenues à partir d'un ensemble de bandes de longueurs d'ondes différentes. Le nombre des bandes utilisées compte des centaines. Ces images fournissent de nombreuses informations sur des propriétés physiques des objets observés. L'analyse d'une scène hyper-spectrale suppose habituellement la décomposition de chaque pixel de l'image en ses constituants. Ces derniers sont représentés par des spectres de matériaux relativement purs et qui sont eux-mêmes extraits de la scène.

- **Les images multi-capteurs** : Elles sont obtenues à partir de plusieurs capteurs différents. Le but c'est de profiter de la complémentarité et la redondance des informations continues dans ces images afin d'élaborer une meilleure interprétation. Comme exemples de telles images, nous pouvons citer les images optiques issues de capteurs passifs tels que les capteurs SPOT, LANDSAT, etc. et les images RADARS issues des capteurs actifs tels que les capteurs ERS, JERS, etc.

1.2.2 Résolution

En ce qui concerne la résolution des images satellitales, nous distinguons quatre types : la résolution spatiale, spectrale, radiométrique et temporelle.

- **Résolution spatiale** : elle réfère à la plus petite distance entre deux objets adjacents que le capteur peut identifier. Plus la résolution spatiale augmente, plus la taille des images exprimée en octets est importante. Ceci provoque le ralentissement des traitements sur les images traitées.

- **Résolution spectrale** : elle se réfère à la plus petite largeur de bande que le radiomètre est capable de mesurer. Elle décrit la capacité d'un capteur à utiliser de petites fenêtres de longueurs d'onde. Plus la résolution spectrale est fine, plus les fenêtres des différents canaux du capteur sont étroites.

- **Résolution radiométrique** : elle se lie à la capacité d'un système de télédétection à reconnaître de petites différences dans l'énergie électromagnétique. Plus la résolution radiométrique d'un capteur est fine, plus le capteur est sensible à de petites différences dans l'intensité de l'énergie reçue. La gamme de longueurs d'onde à l'intérieur de laquelle un capteur est sensible se nomme plage dynamique.

- **Résolution temporelle** : elle se lie à la période de temps que prend un satellite pour effectuer un cycle orbital complet. Elle dépend d'une variété de facteurs dont la grandeur de la zone de chevauchement entre les couloirs-couverts adjacents, la capacité du satellite et de ses capteurs et de la latitude.

1.2.3   Prétraitements des images satellitales

L'image que nous transmet le satellite est brute. Pour cela, il faut effectuer un certain nombre d'opérations de prétraitements pour la rendre exploitable et interprétable. Parmi ces prétraitements, nous citons : les corrections géométriques, atmosphériques, radiométriques et le recalage [98].

- **Corrections géométriques** : elles consistent à superposer plusieurs couches d'information tout en ayant une information sur la localisation des objets et sur la surface du globe. En effet, lors de la prise de l'image, les reliefs, la rotation de la terre sur elle-même ou encore le positionnement du satellite affectent l'image et la déforment légèrement.

- **Corrections atmosphériques** : elles consistent à éliminer les effets de l'atmosphère ou de la position du soleil.

- **Corrections radiométriques** : elles consistent à éliminer les distorsions dues aux anomalies affectant les capteurs tels le vieillissement et les défauts de construction et aux erreurs affectant l'image lors de l'application des corrections géométriques et atmosphériques. Ces corrections s'effectuent en changeant la valeur radiométrique de quelques pixels par celle la plus proche du modèle du terrain.

- **Recalage** : il consiste à établir une concordance de position spatiale entre les deux volumes correspondant au même objet physique. C'est une étape indispensable pour la comparaison d'images anatomiques, la fusion des images, le suivi spatio-temporel des scènes, etc. [110].

1.3   Extraction de connaissances à partir de base de données

L'intégration de nouvelles connaissances pour supporter l'utilisateur dans la tâche d'interprétation des images satellitales est devenue inévitable. De plus, le volume de données à analyser devient de plus en plus considérable rendant le processus d'analyse manuelle de ces images difficile. Ces problèmes ont motivé l'intérêt des recherches portant sur l'extraction automatique de connaissances à partir des images satellitales [82]. Dans ce qui suit, nous allons introduire le processus d'extraction de connaissances à partir de bases de données. Puis, nous présentons l'extraction de connaissances spatio-temporelles des images satellitales.

1.3.1   Présentation du concept d'extraction de connaissances à partir des bases de données

Selon Fayyad [61], l'Extraction de Connaissances à partir de Base de Données (ECBD) est définie comme :"*un processus non trivial de découverte des modèles valides, nouveaux, potentiellement utiles, compréhensibles à partir d'une base de données"*.

Les tâches de ce processus sont multiples. Parmi ces tâches, nous citons :

- **La classification** : elle permet de créer une fonction qui identifie les classes auxquelles appartiennent des objets extraits à partir de traits descriptifs. Ceci est fait par le biais de "classeurs" appelés aussi "classifieurs" qui sont des algorithmes qui, à partir d'un ensemble d'exemples, produit une prédiction de la classe d'une donnée.
- **La régression** : elle permet d'analyser la relation d'une variable par rapport à une ou plusieurs autres.
- **Le groupement ou le clustering** : il permet de découper un ensemble d'objets en groupes ou clusters de telle sorte que les caractéristiques des objets dans un même cluster soient similaires et que les caractéristiques des objets dans des clusters distincts soient différentes.
- **Le résumé** : il permet de trouver une description compacte d'un sous-ensemble de données. Un exemple simple de résumé est de calculer la moyenne et l'écart type de tous les champs.
- **La modélisation des dépendances** : elle permet de trouver un modèle qui décrit des dépendances significatives entre les variables. Ces dépendances sont de deux types : dépendances structurelles et dépendances quantitatives. Les dépendances structurelles spécifient les variables qui sont localement dépendants avec les autres. Les dépendances quantitatives déterminent le poids des dépendances et ceci en utilisant une échelle numérique.
- **La détection de changement et de déviation** : elle permet de découvrir les changements et les déviations les plus significatives des données.

1.3.2 Etapes du processus d'extraction de connaissances à partir des bases de données

Le processus d'ECBD est appliqué de façon itérative et interactive. Il est itératif car les résultats produits peuvent être réutilisés dans le but d'apporter des améliorations. Il est interactif car ce processus a toujours besoin de l'intervention et du contrôle d'un expert du domaine. Ce dernier guide le processus en fonction de ses objectifs, ses intérêts, ses connaissances et ses exigences [46].

Selon [61], le processus d'ECBD passe par différentes étapes telles que : la compréhension du domaine d'application, la création du fichier cible, le traitement des données brutes, la réduction des données, la définition des tâches de fouille de données, le choix des algorithmes appropriés de fouille de données, la fouille de données, l'interprétation des formes extraites et enfin la validation des connaissances extraites. Certaines de ces étapes peuvent être combinées pour aboutir à la fin à trois grandes étapes qui sont : la préparation des données ; la fouille de données ; l'évaluation et l'interprétation des résultats comme le montre la Figure 1.1 [61].

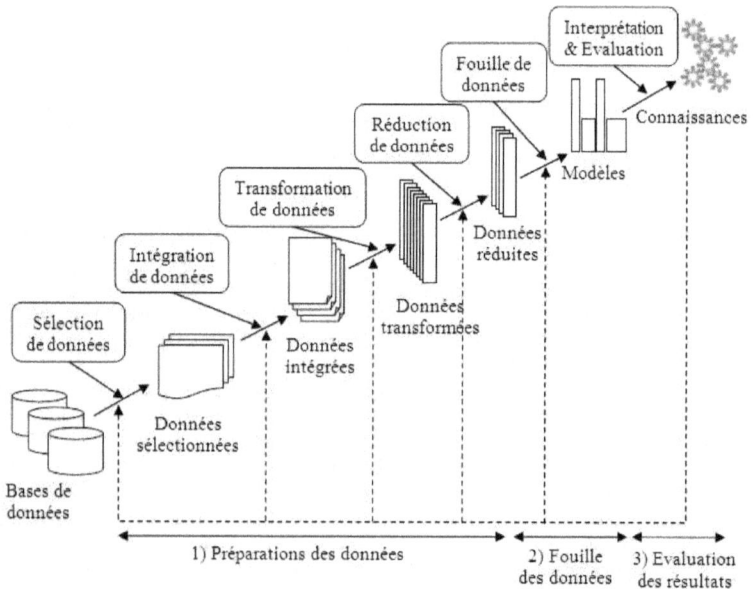

Figure 1.1 — Etapes du processus d'extraction de connaissances à partir des bases de données.

1.3.2.1 Première étape : Préparation des données

La préparation des données inclue quatre sous-étapes qui sont : la sélection, l'intégration et le nettoyage, la transformation, et la réduction des données. Le rôle de cette étape est de situer les buts de l'ECBD et de spécifier les données à utiliser avant d'entamer le processus d'extraction. En effet, l'utilisateur doit connaître les questions pour lesquels il a besoin de répondre, le type de données à manipuler et la nature du résultat attendu.

L'ordre de ces quatre sous-étapes varie selon la stratégie d'ECBD adoptée et il n'est pas toujours évident de faire la distinction entre elles parce qu'elles peuvent être entrelacées ou combinées.

Pour la sélection des données, cette sous-étape a pour but de choisir les données à traiter et de déterminer leurs types. Cette étape comprend aussi l'analyse du problème à résoudre et le choix des méthodes à utiliser [136]. La sélection des données est une tâche importante puisqu'elle permet de guider l'utilisateur dans la détermination de l'ensemble des données et dans le choix des attributs qui seront utiles pour son problème.

Pour l'intégration et le nettoyage, cette sous-étape est nécessaire pour intégrer et nettoyer les images satellitales qui sont hétérogènes, éparpillées, incomplètes, bruitées et voir incohérentes [59] [58].

Pour la transformation, cette sous-étape permet de transformer les données en une forme adaptée pour l'application de la méthode de fouille choisie et pour l'élimination des imperfections. Ceci fait recours à des prétraitements pour l'intégration des données et pour la minimisation de la perte d'information lors de la transformation des données images. Cette sous-étape repose sur des méthodes d'agrégation permettant de regrouper les données, des méthodes de généralisation permettant d'hiérarchiser les concepts utilisés, des méthodes de normalisation permettant de regrouper les attributs des objets extraits et des méthodes de construction des attributs permettant de rendre compatibles des méthodes de fouille de données [82].

Pour la réduction des données, cette dernière sous-étape consiste à encoder les données dans un format plus compact tout en sauvegardant l'intégralité des données. Plusieurs méthodes sont utilisées pour la réduction des données telles que l'analyse en composante principale qui applique des projections des données initiales dans un espace de dimension inférieure.

1.3.2.2 Deuxième étape : Fouille de données

La fouille de données est le coeur du processus d'ECBD. En effet, cette étape vise à extraire des modèles intéressants à partir des données exploitées. Il existe de nombreuses méthodes de fouille de données. Le choix de l'une ou de l'autre dépend des besoins exprimés par l'utilisateur et des données exploitées. Principalement, ces méthodes peuvent être classées en trois grandes familles : les méthodes de visualisation et de description, les méthodes de classification et de structuration et finalement les méthodes d'explication et de prédiction [149] [145].

1. **Les méthodes de visualisation et de description** : L'une des fonctionnalités principales de l'ECBD est de fournir à l'analyste une vision synthétique de l'ensemble des données manipulées ; c'est l'objectif de cette famille de méthodes. Ces méthodes sont mises en oeuvre par les outils de synthèse de l'information qui utilisent les techniques des statistiques [149] ou d'analyse de données [4] pour ce faire.

2. **Les méthodes de classification et de structuration** : Les données manipulées en imagerie satellitale sont généralement volumineuses. Pour faciliter leur exploitation, l'utilisateur ou l'expert a toujours tendance de les structurer ou de les classifier dans des groupes d'objets similaires appelés classes ou groupes. Ceci est fait par les méthodes de classification. Ces dernières utilisent pour ce faire des mesures de distance pour vérifier l'appartenance d'un objet à une classe. Plusieurs types de mesures de distance sont proposées, nous citons par exemple : la distance Euclidienne, de Manhattan, de Jaccard, etc. [145]. Pour pouvoir appliquer ces distances sur les objets extraits à partir des images satellitales, une étape de normalisation est nécessaire pour assurer la bonne classification de ces objets. En ce qui concerne les méthodes de structuration, elles ont pour but de repérer les

structures des groupe invisibles à l'oeil nu. Ces méthodes sont généralement suivies par d'autres méthodes de fouille permettant de dégager un sens aux résultats fournis par la structuration.

Parmi les méthodes de classification et de structuration, nous citons : le clustering [41] (voir annexe A) et le plus proche voisin [124].

3. **Les méthodes d'explication et de prédiction** : L'objectif de ces méthodes est de définir un modèle explicatif et/ou prédictif à partir des données. Les méthodes d'explication et de prédiction cherchent à construire une relation entre les attributs à prédire et les attributs prédictifs. Il existe plusieurs méthodes d'explication et de prédiction dont nous citons : les arbres de décision [3], les règles d'association [3], les réseaux bayésiens [77], les réseaux de neurones [76], etc.

Dans le Tableau 1.1, nous établissons une comparaison entre différentes méthodes de fouilles de données qui sont les arbres de décision, les règles d'association, les réseaux de neurones et les réseaux bayésiens en considérant les critères suivants : le temps d'apprentissage, le temps d'exécution, la tolérance au bruit, les connaissances a priori, la précision et la compréhension [145].

	Temps d'apprentissage	Temps d'exécution	Tolérance au bruit	Connaissances a priori	Précision	Compréhension
Arbre de décision	rapide	rapide	bonne	non	moyenne	moyenne
Règles d'association	moyen	rapide	faible	non	moyenne	bonne
Réseaux de neurones	lent	rapide	bonne	non	bonne	faible
Réseaux bayésiens	lent	rapide	bonne	oui	bonne	bonne

Tableau 1.1: Comparaison des méthodes de fouille de données.

Le Tableau 1.2 montre les tâches de fouille de données assurées par chacune des méthodes :le plus proche voisin (PPV), les arbres de décision, les réseaux de neurones et les réseaux bayésiens [145]. Nous concluons qu'à l'exception de PPV qui ne permet pas la segmentation, toutes les autres méthodes permettent les tâches de segmentation, de classification, d'estimation et de prédiction.

	Méthode du PVV	Arbre de décision	Réseaux de neurones	Réseaux bayésiens
Segmentation	non	oui	oui	oui
Classification	oui	oui	oui	oui
Estimation	oui	oui	oui	oui
Prédiction	oui	oui	oui	oui

Tableau 1.2: Comparaison des tâches de fouille de données assurées par le PPV, les arbres de décision, les réseaux de neurones et les réseaux bayésiens.

1.3.2.3 Troisième étape : Evaluation des résultats

Les connaissances extraites par l'ECBD sont le plus souvent nombreuses. Afin d'améliorer ses capacités de résolution de problèmes, un système d'ECBD doit être capable d'analyser les connaissances extraites et de les valider selon les besoins des utilisateurs. Essentiellement, il existe deux méthodes pour ce faire : les méthodes objectives basées sur les statistiques et les méthodes subjectives basées sur les avis des experts [134].

- **Les méthodes objectives** : elles dépendent de la nature des données, de la méthode de fouille utilisée et de la nature des connaissances générées. Plusieurs critères ont été proposés dans la littérature pour interpréter et évaluer les résultats du processus d'ECBD, parmi lesquels nous citons : la mesure de Piatetsky-Shapiro [117], la J-Mesure de Smyth et Goodman [137], la mesure de Kamber et Shinghal [90], la mesure de Gray et Orlowska [70], etc.
- **Les méthodes subjectives** : elles nécessitent une intervention experte pour guider le processus d'évaluation. L'expert fournit des connaissances à propos des résultats produits par le processus d'ECBD. Ces connaissances seront formalisées pour pouvoir les intégrer dans le processus d'évaluation. Les méthodes subjectives représentent les croyances de l'utilisateur, ses centres d'intérêts, etc. [100].

1.4 Extraction de connaissances spatiotemporelles en imagerie satellitale

Les séries temporelles d'images satellites constituent une source d'information importante. L'expansion du nombre de capteurs à très haute résolution spatiale, spectrale et temporelle génère un volume considérable d'informations satellitales. Ceci rend indispensable la mise au point des systèmes capables d'extraire de façon automatique ou semi-automatique des connaissances disponibles mais cachées par la complexité des données images [46].

1.4.1 Caractérisation des images satellitales

La caractérisation des images satellitales consiste à chercher et à distinguer des caractéristiques permettant de décrire précisément une image. Essentiellement, il y a deux types de caractérisation : caractérisation sémantique appelée aussi textuelle et caractérisation par le contenu numérique [7].

- **Caractérisation sémantique ou textuelle** : est le type de caractérisation le plus utilisé, et consiste à indexer et caractériser les images par le moyen de mots clés comme le font plusieurs moteurs de recherche ou des systèmes comme celui de Tong *et al.* [138]. La limite majeure de ce type de caractérisation est qu'il nécessite un effort considérable pour une bonne description de l'image. D'autant plus, il ne permet pas de décrire précisément le contenu de l'image.

- **Carctérisation par le contenu numérique** : ce type consiste à caractériser les images par leurs contenus numériques. Ceci revient à les caractériser via leurs caractéristiques visuelles, c'est-à-dire les caractéristiques induites de leurs pixels telles que la couleur, la texture et les formes [71]. Plusieurs systèmes ont été proposés dans le cadre de la caractérisation des images par le contenu numérique. Parmi ces systèmes, nous citons QBIC (Query By Image Content) d'IBM [63]. Le système QBIC est basé sur deux étapes principales : la population de la base de données (processus de la création d'une base de données d'images) et l'interrogation de la base de données. Au cours de l'étape de la population, les images et les vidéos sont traitées pour extraire les caractéristiques décrivant leurs contenus en couleur, texture, forme et mouvement. Ces caractéristiques sont stockées dans une base de données. Au cours de l'étape de l'interrogation, l'utilisateur compose graphiquement une requête. Les caractéristiques sont générées à partir du graphique de la requête et ensuite transmises à un moteur de reconnaissance qui trouve les images ou les vidéos de la base de données ayant des caractéristiques similaires.
Nous citons aussi dans le cadre de la caractérisation des images par le contenu numérique le système Blobworld [34]. La représentation Blobworld est liée à la notion de composition de scène photographique. Blobworld est distincte de la correspondance par la disposition de couleur que QBIC utilise pour trouver des objets ou parties d'objets. Chaque image est traitée comme un ensemble de "blob" représentant les régions d'image qui sont homogènes par rapport à la couleur et la texture. Un "blob" est décrit par sa distribution de couleur et ses descripteurs de texture. Les étapes de traitement de Blobworld sont : l'extraction des caractéristiques, la combinaison des caractéristiques, le groupement des caractéristiques et la description des régions.
D'autres systèmes de caractérisation des images par le contenu numérique sont présentés dans la littérature tels que : SIMBA (Search IMages By Appearance) [133] et CIRES (Content Based Image REtrieval System) [85].
Pour ce type de caractérisation des images, nous distinguons trois approches de

caractérisation :
- Approche globale : elle considère l'image en entier et elle la caractérise tout en utilisant des fonctions statistiques calculées sur l'image entière.
- Approche locale : elle consiste à la détection de points d'intérêt et le calcul éventuel d'invariants autour de ces points d'intérêt.
- Approche spatiale : elle considère l'image comme un ensemble d'objets et elle la décrit en termes des descriptions des objets qui la composent et en termes des relations qui existent entre eux.

L'inconvénient majeur de la caractérisation d'images par le contenu est qu'elle se limite à la similarité visuelle.

Pour pallier ce problème, plusieurs travaux ont essayé d'ajouter une certaine sémantique aux connaissances extraites à partir des images [32]. Cependant, les systèmes proposés dans le cadre de ces travaux souffrent de plusieurs problèmes : l'accroissement du niveau d'analyse en fonction des connaissances à extraire, le fossé sémantique, etc.[10].

Plusieurs travaux ont proposé de combiner les deux types de caractérisation des images. Parmi ces travaux, nous citons [140]. Dans ce travail, Vadivel *et al.* ont à la fois utilisé les caractéristiques de haut et de bas niveau pour la recherche des images. Une première étape de recherche basée sur les mots-clés est lancée. Ensuite, une deuxième étape basée sur les descripteurs de couleurs et de formes (COLTEX) est appliquée pour les images résultantes de la première étape.

Ces travaux donnent de bons résultats quand à l'extraction des connaissances à partir des images. Cependant, le seul inconvénient que présentent ce type d'approches est la complexité de combiner les deux types de caractérisation des images.

1.4.2 Extraction de connaissances en imagerie satellitale

L'extraction de connaissances à partir des images vise à extraire des connaissances implicites et des relations qui peuvent exister entre les données de l'image [82]. La fouille est l'opération qui consiste à extraire automatiquement des connaissances à partir d'un large ensemble de données images [18].

Avant d'être exploitées, les données images doivent passer par des étapes préliminaires telles que : le prétraitement et l'extraction des caractéristiques. L'étape de prétraitement permet de ressortir certaines caractéristiques qui sont considérées comme importantes pour les utilisateurs. L'étape d'extraction des caractéristiques permet de préparer les données images afin de pouvoir appliquer les techniques de fouille de données. Ces étapes s'avèrent nécessaires pour l'application des méthodes d'ECBD sur les images satellitales, néanmoins, elles provoquent souvent une perte d'information. Ce fait rend indispensable l'application de méthodes spécifiques pour traiter la perte d'information et les imperfections accompagnant le processus d'extraction de connaissances à partir des images.

Selon [82], l'extraction de connaissances à partir des images diffère du traitement d'images, de la recherche d'images par le contenu et de la reconnaissance de modèles.

- L'extraction de connaissances à partir des images se concentre sur l'extraction des modèles à partir d'une large collection d'images, alors que les techniques de traitement d'images se concentre sur la compréhension et/ou l'extraction des caractéristiques spécifiques à partir d'une seule image.
- L'extraction de connaissances à partir des images va au-delà du problème de recherche des images pertinentes. Elle s'attache à découvrir des modèles intéressants d'images et les relations qui leurs relient.
- L'extraction de connaissance à partir des images vise à extraire tous les modèles intéressants sans connaître à l'avance tous les modèles existants dans la base de données images, alors que la reconnaissance de modèles vise à découvrir que quelques modèles spécifiques tout en ayant une connaisance des modèles déjà existants. Aussi, l'extraction de connaissances à partir des images manipule différents types de modèles, alors que la reconnaissance des modèles ne manipule que des modèles de classification. Enfin, l'extraction de connaissances à partir des images inclue l'indexation, le stockage, le nettoyage, la réduction, et la recherche des données images, alors que la reconnaissance des modèles n'inclue que la génération et l'analyse des modèles qui ne présentent que quelques aspects de l'extraction de connaissances à partir des images.

1.4.3 Connaissances spatiotemporelles en imagerie satellitales

Les séries temporelles d'images satellitales constituent une source importante pour la prédiction et le suivi de l'évolution de plusieurs phénomènes dynamiques. Selon la résolution des images satellitales, plusieurs types d'applications peuvent être étudiées. Par exemple, les images ayant une très haute résolution spatiale (<1m) peuvent être utilisées pour suivre le déboisement, la dégradation et le morcellement des forêts. Les images ayant une résolution spatiale moyenne (~20m) peuvent être utilisées pour la construction des cartes d'occupation du sol et le suivi des phénomènes naturels tels que l'étalement urbain et l'érosion. Enfin, les images ayant une basse résolution spatiale (entre 250 à 1000 m) peuvent être utilisées pour l'élaboration de modèles climatiques.

1.4.3.1 Contexte spatial

Le contexte spatial désigne l'ensemble des relations spatiales d'un objet avec les autres objets dans une scène [36]. Ce contexte est nécessaire pour limiter l'espace de recherche d'un objet dans une scène.
La formalisation des relations entre les entités spatiales est nécessaire pour pouvoir accomplir des requêtes spatiales sur ces entités et répondre aux questions portant sur leur topologie, proximité et direction [102].
En imagerie satellitale, plusieurs travaux se sont focalisés sur le contexte spatial. Parmi

ces travaux, nous citons le travail du Colliot *et al.* [42] et le travail du Aksoy *et al.* [5]. Dans la littérature, nous distinguons quatre types de relations spatiales : directionnelles, métriques, topologiques et d'ordre [53].

1.4.3.2 Contexte temporel

L'évolution des mesures acquises sur la surface de la terre au cours du temps constitue une information essentielle pour son suivi. En particulier, ces informations peuvent être utilisées pour le suivi de l'évolution de l'occupation du sol. D'autres exemples d'applications du suivi temporel des images peuvent être le suivi de la pollution marine ou côtière par hydrocarbure, la propagation d'incendies de forêts, l'érosion côtière et la désertification. Pour ces application, la fréquence d'observation qui peut être journalière, pluriannuelle ou annuelle par exemple est essentielle pour assurer une succession d'images capable de caractériser d'une manière efficace les objets [93]. En effet, cette succession d'images permet d'une part d'analyser la dynamique d'objets géographiques variés, et d'autres part de différencier les objets difficiles à discriminer à partir d'une seule image.

1.4.3.3 Contexte spatiotemporel

Un objet spatiotemporel est un objet ayant des caractéristiques spatiales qui varient au cours du temps. Selon le type de mouvement de l'objet, nous distinguons des applications avec un mouvement continu ou discret [139]. Pour les applications utilisant des objets avec un mouvement continu, les objets peuvent changer de position mais pas de caractéristiques ou ils peuvent changer de position et de caractéristiques. Ce type d'application permet le suivi en temps réel des objets. Des exemples de ce type d'applications sont le suivi du trafic aérien ou routier, le suivi des engins militaires, le suivi des mouvements d'un robot, etc.

Pour les applications utilisant des objets avec un mouvement discret, l'objet peut changer de caractéristiques et de position au cours du temps.

Selon [116] [139], l'ensemble des exigences suivantes doivent être satisfaites par les objets spatiotemporels :
- Représentation en caractéristiques spatiales et temporelles.
- Capture des changements spatiaux au cours du temps.
- Définition et organisation des attributs spatiaux en couches ou champs.
- Représentation des relations spatiales au cours de temps.
- Représentation des contraintes d'intégrité spatiotemporelles.
- Connexion en attributs spatiaux.

En imagerie satellitale, plusieurs travaux ont tenu compte du contexte spatiotemporel. Parmi ces travaux, nous citons [105] [83] [127] [51].

1.4.4   Comparaison des systèmes d'ECBD en imagerie satellitale

Plusieurs systèmes d'ECBD en imagerie satellitale ont été mis en oeuvre, particulièrement dans les vingt dernières années. Nous pouvons comparer ces systèmes selon les critères suivants : l'architecture du système proposé, les stratégies d'extraction de connaissances, la composante temporelle et la gestion des imperfections.

Le Tableau 1.3 présente une liste non exhaustive des systèmes d'ECBD en imagerie satellitale. La comparaison établie nous a permis de dégager plusieurs remarques :

– La majorité des systèmes d'ECBD en imagerie satellitale proposés utilise l'architecture multi-agent hiérarchique ; ceci peut être expliqué par le fait que la tâche d'ECBD est généralement lourde et exige un traitement complexe vu le grand volume de données hétérogènes qu'il faut analyser.

– Les systèmes d'ECBD en imagerie satellitale sont des systèmes modulaires. Cette propriété rend facile leur maintenance.

– La majorité des systèmes d'ECBD en imagerie satellitale proposés néglige les imperfections. Ces imperfections sont liées soit aux données, soit aux modèles, soit aux résultats. Ces différents types d'imperfections se propagent tout au long du processus d'ECBD ce qui induit généralement à des résultats érronés ou insatisfaisants.

Extraction de connaissances spatiotemporelles en imagerie satellitale

Système	Architecture	Méthode de fouille	Stratégie d'extraction de connaissances	Composante spatiotemporelle	Imperfections
Approche de Mamoulis [105]	Système coopératif et incrémental	Arbre de décision	- Recherche des modèles fréquents de taille 1. - Application des méthodes de recherche des modèles longs « bottom-up », « level-wise» et «faster top-down»	- Extraire les modèles périodiques (PI) - Utilisation d'un arbre 3D R-tree pour enregistrer l'emplacement des objets non périodiques (EI). - Recherche sur les EI puis application du résultat sur les PI.	Non
VisiMine [6]	Un ensemble de modules : - Bibliothèque statistiques et traitement des images - Bibliothèque fouille de données et intelligence artificielle - Oracle - S-PLUS - MUTILS	Arbre de décision (algorithme RPART « recursive partitioning »)	- Recherche séquentielle dans les attributs - Sélection du meilleur attribut - Répartition des données en groupes - Identification des classes et attribution des poids	Composante spatiale	Non
ADaM [122]	- Outils de traitement d'images - Outils de fouille de données - Outils de translation et interchange des données	Règle d'association a priori	- Préparation des données - Transformation des données - Sélection des données - Fouille de données - Evaluation et présentation des données	Composante spatiale	Non
Approche de Silva [135]	Un ensemble de module : - Extraction des régions - Module de classification - Module de définition des modèles topologiques spatiaux	Arbres de décision (algorithme C4.5)	3 étapes : - Définition des modèles topologiques spatiaux - Construction d'une référence du modèle spatial - Application de la fouille	-Utilisation des concepts des applications pour construire des descriptions génériques -Recherche de ces modèles dans la base	Non
Approche El Hajj [73]	Un système expert basé sur un système flou d'aide à la décision	Pas de méthode de fouille: système d'aide à la décision (RBR)	- Système d'aide à la décision pour détecter les cannes à sucre. - Système flou pour gérer les données imprécises	Oui	Oui
Approche Schultz [127]	Architecture modulaire	Système d'inférence flou Algorithme génétique	Cinq étapes : - Transformation - Fuzzification - Inférence principale - Agrégation - Défuzzication	Oui	Non
Approche Aksoy, [5]	Approche modulaire	Classification par règle de décisions bayésiennes Morphologies mathématiques	- Identification des régions d'image ayant un degré élevé de satisfaction de relations spatiales avec autres régions - Information est incorporée dans les règles de décisions bayésiennes - Le modèle supporte les requêtes dynamiques par l'utilisation des relations spatiales	Composante spatiale	Oui
Approche Julea [89]	Système non supervisé	Modèles séquentiels fréquents groupés	- Détermination des modèles séquentiels - Détermination de la connectivité spatiale des pixels - Détermination de l'évolution des pixels	Oui	Non

Tableau 1.3: Comparaison des systèmes d'ECBD en imagerie satellitale.

19

1.5   Conclusion

Dans ce chapitre, nous avons présenté, dans un premier lieu, les différents aspects liés à l'imagerie satellitale. Dans un second lieu, nous avons défini l'extraction de connaissances à partir des bases de données et nous nous sommes focalisés sur l'application de l'extration sur les bases de données d'images satellitales.

Les images satellitales sont souvent accompagnées par plusieurs types d'imperfections. Afin de pouvoir appliquer les méthodes d'extraction de connaissances à partir des images satellitales, il faut tout d'abord caractériser les imperfections et les méthodes permettant de les modéliser. Ceci sera détaillé dans le chapitre 2.

Chapitre

2

Gestion d'imperfections associées à l'extraction de connaissances spatiotemporelles en imagerie satellitale

Sommaire

2.1   Introduction

Tout processus d'aide à la décision est généralement entaché par des imperfections qui sont sous différentes formes [65] [67]. Plusieurs théories tentent de modéliser ces imperfections afin d'éliminer ou réduire leurs effets. La question du choix de la théorie appropriée s'impose de façon naturelle dès lors que nous nous intéressons à la modélisation de l'imperfection. En effet, l'effort de modélisation implique la recherche d'un compromis entre une représentation riche et proche de la réalité et une représentation facile à comprendre [67].

Dans notre contexte de travail qui porte sur l'extraction de connaissances en imagerie satellitale, les images présentent dans la plupart du temps des imperfections. Ces imperfections accompagnent toutes les étapes du processus d'extraction de connaissances à partir des images satellitales, depuis les phénomènes observés jusqu'aux traitements et analyses.

Ce chapitre comporte deux garndes parties. Dans la première partie, nous étudions d'abord les différents types d'imperfections qui accompagnent le processus d'extraction de connaissances spatiotemporelles en imagerie satellitale. Dans la deuxième partie, nous examinons les différentes méthodes permettant de modéliser les données imparfaites et ce pour améliorer la prise de décision.

2.2   Imperfections en imagerie satellitale

L'imperfection est inhérente au processus d'ECBD en imagerie satellitale. En effet, elle trouve ses origines dès l'acquisition des données jusqu'à la fouille et l'interprétation des résultats. Ces imperfections peuvent être dûes aux phénomènes observés, aux limites des capteurs et instruments de mesure qui sont techniquement limités dans le niveau de précision, aux algorithmes de reconstruction et de traitement, au bruit, aux erreurs de mesure par la machine ou de relevé par l'homme, au mode de représentation ou aux connaissances et concepts manipulés.

2.2.1   Types d'imperfections

Les imperfections accompagnant le processus d'ECBD en imagerie satellitale sont de plusieurs types [24] :

- **Les incertitudes** : sont des imperfections qui proviennent des doutes qui peuvent avoir lieu sur la validité des connaissances. L'incertitude est relative à la vérité d'une information, et caractérise son degré de conformité à la réalité. Citons l'exemple d'une parcelle contenant du blé, il y a une présomption que cette parcelle sera occupée par du maïs après deux ans.
- **Les imprécisions** : sont des imperfections qui correspondent à des difficultés dans l'énoncé des connaissances. Ceci est causé par des caractéristiques numériques qui sont mal connues ou par des termes du langage naturel qui sont utilisés pour qualifier des caractéristiques de façon vague. La première cause est la conséquence d'une insuffisance d'instruments d'observation ou d'erreurs de mesure. La deuxième cause est dûe à l'expression spontanée de connaissances ou à l'utilisation de catégories aux limites mal définies. Plusieurs exemples peuvent

être cités pour le qualificatif "imprécis" :
- La zone végétation mesure entre 30,9 et 31 hectares. La notion d'imprécision ici est induite par l'utilisation du terme flou "appartient à [30.9 ; 31]".
- Le pourcentage des zones qui subissent une érosion au sud Tunisien est de l'ordre de 7% par an. La notion d'imprécision est déduite par le terme "de l'ordre de".
- **Les incomplétudes** : sont des imperfections qui correspondent à des connaissances absentes ou partielles sur certaines caractéristiques. Elles peuvent être dûes à l'impossibilité d'obtenir certains renseignements ou à un problème au moment de la capture de la connaissance. Les incomplétudes peuvent aussi être associées à des exceptions que nous ne pouvons pas prévoir. Par exemple, le blé est nettement reconnu en juillet, mais au mois d'avril, comme il n'a pas encore poussé, il est identifié en tant que sol nu.
- **Les ambiguïtés** : sont des imperfections qui expriment la possibilité d'avoir des informations possédant deux interprétations ou plus. Elles peuvent provenir des imperfections précédentes telles que l'imprécision d'une mesure provoquant la difficulté de différencier deux ou plusieurs connaissances ou l'incomplétude induisant à des confusions d'interprétations des données.
- **Les conflits** : sont des imperfections qui conduisent souvent à des interprétations contradictoires et incompatibles. La détection des conflits est une tâche complexe et sa résolution peut prendre différentes formes telles que l'élimination de sources non fiables et/ou la prise en compte d'informations supplémentaires.

Ces types d'imperfections peuvent être présents d'une manière associée. Par exemple, l'évolution de la zone aride sera probablement assez importante cette année. Ici, nous avons une incertitude provenant de l'utilisation de "probablement" et une imprécision provenant de l'utilisation des termes "assez" et "important".

Dans la littérature, deux positions peuvent être adoptées pour traiter les informations imparfaites [20] :
- La première position consiste à éliminer autant que possible les imperfections. Cela exige par exemple l'amélioration des capteurs et la multiplication des acquisitions.
- La deuxième position consiste à raisonner sur les images avec les imperfections. Cela exige que nous considérons les imperfections comme des connaissances. Pour ce faire, il faut modéliser ces imperfections et utiliser des techniques comme les méta-connaissances pour pouvoir raisonner sur ces imperfections.

2.2.2 Imperfections associées à l'extraction de connaissances spatio-temporelles à partir des bases de données d'images satellitales

Les données spatiales provenant d'images satellitales, de systèmes d'informations géographiques, de contrôles de terrain, etc. sont rarement exactes [78]. Les imperfections accompagnant ces données doivent être prises en considération afin de pouvoir fournir des décisions pertinentes.

Le processus d'ECBD, comme tout processus d'aide à la décision, est généralement entaché par plusieurs types d'imperfections [65], [67]. Ces imperfections se trouvent depuis l'acquisition des données jusqu'à l'extraction et l'interprétation des connaissances. Dans le contexte de télédétection, les données manipulées sont des images satellitales. Ceci exige l'intégration d'une autre chaîne de prétraitement qui permet de rendre les données satellitales exploitables par le processus d'ECBD. Certes cette chaîne de prétraitement non seulement complexifie le processus d'ECBD, mais aussi intègre d'autres types d'imperfection. Les imperfections accompagnant le processus d'ECBD en imagerie satellitale peuvent être divisées en trois grandes familles. Nous distinguons des imperfections liées aux données, liées aux modèles et enfin liées aux résultats. Ces types d'imperfections sont illustrés par la Figure 2.1.

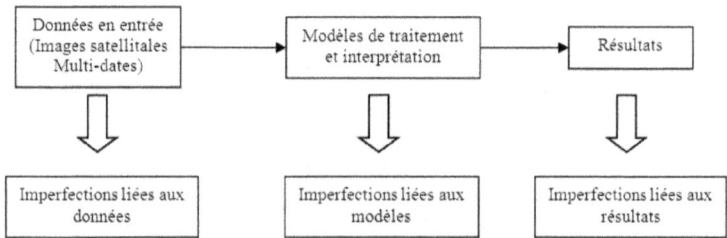

Figure 2.1 — Types d'imperfections accompagnant le processus d'ECBD en imagerie satellitale.

2.2.2.1 Imperfections liées aux données

La première étape du processus d'ECBD est la préparation de données. Cette étape renferme la sélection, l'intégration et le nettoyage, la transformation et la réduction des données. Le rôle de cette étape est essentiel et ceci est dû au fait que cette dernière garantit la fiabilité et la validité des données utilisées tout au long du processus d'ECBD. Les données manipulées en ECBD d'images satellitales sont des images satellitales multi-dates. Comme exemples d'imperfections liées à ces données, nous citons :

- Les descriptions géométrique, radiométrique et spatiale d'un objet sont rarement exactes ; elles sont généralement imprécises [125]. De plus, des incertitudes peuvent apparaître principalement au niveau des données spatiales par exemple au niveau de la localisation géographique et au niveau de la détermination des caractéristiques spatiales.
- La dynamique des objets dans une scène comporte plusieurs imperfections dûes à la superposition des images et à la difficulté de déterminer les caractéristiques spatiales des objets dans un contexte dynamique.
- Les pixels appartenant à une zone peuvent apparaître localement dans une autre zone. Ceci peut entraîner des erreurs de positionnement des limites et des

24

débordements de zones à la frontière d'autres zones.

Dans littérature, plusieurs travaux ont été élaborés proposant des solutions pour réduire l'importance des imperfections liées aux données. L'une des solutions consiste à analyser que les données les plus fiables et ceci dans l'objectif de minimiser la propagation des erreurs. Ceci est réalisé en procédant par une pondération de chaque donnée en entrée en fonction de sa fiabilité mesurée au préalable par des modèles statistiques [20].

2.2.2.2 Imperfections liées aux modèles

Les modèles peuvent être soit les méthodes de traitement et d'analyses des images soit les méthodes de fouille de données.

Nous distinguons pour ces deux catégories de modèles deux types d'imperfections. Le premier type d'imperfections est lié aux modèles de préparation des données. En effet, les données dans notre contexte sont des images et afin de pouvoir appliquer l'extraction de connaissances à partir de ces images il faut les transformer en informations exploitables. Ceci implique le passage par des opérations de préparation qui sont : les prétraitements, la segmentation, le calcul des caractéristiques et des relations entre objets, etc. Le deuxième type d'imperfections est lié aux modèles utilisés lors de la fouille de données. En effet, les méthodes de fouille comme les arbres de décision et les réseaux de neurones doivent inclure la modélisation des imperfections dans leur processus de raisonnement.

2.2.2.3 Imperfections liées aux résultats

Le dernier type d'imperfections est lié aux résultats. La mesure des ces imperfections dépend des données en entrée et du modèle utilisé. Ces imperfections proviennent des imperfections se propageant des données et des modèles, et de l'interprétation de résultats. En effet, le processus d'ECBD génère généralement un ensemble important de connaissances. L'interprétation manuelle de ces connaissances s'avère alors une tâche difficile et l'interprétation automatique une tâche complexe.

La construction des méthodes semi-automatiques d'interprétation constitue une solution pour minimiser les imperfections des résultats. Ces méthodes permettent d'aider les utilisateurs pour analyser le volume important de connaissances induites par les méthodes d'ECBD.

2.3 Traitement d'informations incertaines par fusion de données

Selon Bloch *et al.* [20], l'une des solutions proposées pour tenir en compte les imperfections qui accompagnent le processus d'ECBD à partir d'images satellitales est de modéliser ces imperfections. Selon Corgne [44], cette solution s'adapte le mieux au contexte d'imagerie satellitale.

Dans la littérature, nous retrouvons plusieurs théories permettant la modélisation des différents types d'imperfection. Parmi ces théories, nous citons : la théorie des probabilités, la théorie des possibilités et la théorie de l'évidence. Chacune de ces théories possède son modèle approprié et elle est adaptée à un type particulier d'imperfection.

La fusion de données consiste à utiliser simultanément plusieurs sources de données différentes afin d'améliorer la prise de décision [20]. Cette nouvelle information est souvent destinée à la prise de décision. Les données fusionnées reflètent non seulement l'information générée par chaque source, mais elles reflètent aussi l'information qui n'aurait pu être inférée par les autres sources prises séparément [15].

Au début, la solution de fusion était associée aux domaines utilisant des capteurs plus ou moins fiables, plus ou moins précis, plus ou moins efficaces. Mais, durant les dernières années, la solution de fusion s'est étendue à plusieurs domaines tels que la télédétection, le diagnostic médical, le commerce, la robotique, les finances, le traitement du signal, etc. Ces domaines ont la particularité qu'ils manipulent de larges volumes de données de types très variés [15].

En télédétection, la fusion est décrite selon les trois niveaux conceptuels de l'information : le bas niveau, le niveau intermédiaire et le haut niveau [15].

– **Le bas niveau** : c'est lorsque l'extraction d'information se fait directement à partir des capteurs pour former des hypothèses partielles. La fusion à bas niveau correspond à une fusion au niveau pixel.

– **Le niveau intermédiaire** : c'est lorsqu'il s'agit d'améliorer et d'intégrer les hypothèses partielles produites au bas niveau. Ceci permet d'abstraire les données et de fournir une interprétation symbolique de la situation en cours. La fusion à ce niveau correspond à la combinaison de caractéristiques issues d'images satellitales afin de produire des caractéristiques plus pertinentes.

– **Le haut niveau** : C'est lorsqu'il s'agit de faire des interprétations symboliques des résultats afin de fournir des décisions. La fusion au haut niveau correspond à la fusion des décisions.

Plusieurs situations encouragent l'utilisation de la fusion pour minimiser les imperfections entachant les images satellitales. Parmi ces situations, nous citons :

– **La complémentarité** : La complémentarité est due au fait que les sources de données ne donnent pas en général des informations sur les mêmes caractéristiques du phénomène observé. La complémentarité est utilisée au cours du processus de fusion pour avoir une information globale plus complète, pour lever les ambiguïtés et pour élargir le champ des décisions [20].

– **La redondance** : La redondance est due au fait que les sources de données apportent plusieurs fois la même information. La redondance est exploitée pour réduire les incertitudes et les imprécisions [20].

– **La détection de changements** : la détection de changements est un type de décision qui concerne des images acquises à des dates différentes.

– **La mise à jour de connaissances sur un phénomène ou une scène** : la mise à jour de connaissances consiste à utiliser les informations provenant de différentes sources pour modifier ou compléter des connaissances.

2.3.1 Processus de fusion de données

La fusion consiste à confronter des décisions tirées de différentes sources dans le but de ne retenir que celle qui est la plus réaliste, ou bien de combiner ces décisions dans le but d'en obtenir une nouvelle plus fiable ou plus prudente [145].

Les étapes qui constituent le processus de fusion sont [20] [59] [58] :

- **Modélisation** : cette étape consiste à choisir un formalisme pour exprimer les informations à fusionner. La modélisation peut être guidée par les informations supplémentaires sur le contexte et le domaine d'application.
- **Estimation** : Cette étape consiste à déterminer numériquement les valeurs des informations modélisées.
- **Combinaison** : cette étape consiste à choisir un opérateur de combinaisons qui s'approprie avec le formalise de modélisation retenu.
- **Décision** : cette étape consiste à passer des informations fournies par les sources au choix d'une décision.

2.3.2 Méthodes de fusion de données

Plusieurs méthodes de fusion sont énoncées dans la littérature, les plus connues sont : la théorie des probabilités, la théorie des possibilités et la théorie de l'évidence.

2.3.2.1 Fusion en théorie des probabilités

La théorie des probabilités modélise l'incertitude de nature aléatoire [20] [52].

1. **Modélisation**

   Dans la théorie des probabilités, l'information est modélisée en se basant sur la probabilité conditionnelle qu'un élément x appartienne à une classe particulière C_i étant donné une source d'information I_j.

   $$M_i^j(x) = p(x \in C_i | I_j) \qquad (2.1)$$

   L'avantage de cette théorie est qu'elle se repose sur des bases mathématiques solides et riches. D'autant plus, la théorie des probabilités offre des règles d'usage aussi bien théoriques qu'heuristiques. Mais l'inconvénient majeur de cette théorie est qu'elle permet de bien représenter l'incertitude mais assez difficilement les imprécisions qui accompagnent les données à traiter. En plus, elle exige des contraintes très strictes et difficilement vérifiables sur les mesures.

2. **Estimation**

   Les lois de probabilités $p(x \in C_i | I_j)$ et $p(I_i)$ sont généralement non connues. D'où la nécessité d'estimer ces valeurs. En général, les valeurs de $p(x \in C_i | I_j)$ et $p(I_i)$ sont estimées à partir des expériences ou en appliquant des lois statistiques. Ces lois peuvent être paramétriques tel que le maximum de vraisemblance ou non paramétriques tel que les fenêtres de Parzen [6]. Avec cette dernière méthode, nous pouvons estimer les probabilités conditionnelles $p(x = C_i)$ pour chaque classe C_i [59]. Initialement, la méthode de Parzen nécessite de définir le nombre N de classes. Nous calculons les caractéristiques statistiques pour chaque classe : la moyenne x_i et l'écart type σ_i. La probabilité conditionnelle $p(x/C_i)$ est calculée par [59] :

$$p(x/C_i) = \frac{1}{\sigma_i\sqrt{2\pi}}e^{-\frac{(x-x_i)^2}{2\sigma_i^2}}, \forall A \in 2^D \qquad (2.2)$$

3. **Combinaison**

La règle utilisée pour la combinaison en théorie des probabilités est la règle de Bayes :

$$p(x \in C_i|I_1,...,I_l) = \frac{p(I_1|x \in C_i)p(I_2|x \in C_i)...p(I_1|x \in C_i, I_1,...,I_{l-1})p(x \in C_i)}{p(I_1)p(I_2|I_1)...p(I_l|I_1,...,I_{l-1})} \qquad (2.3)$$

Afin de simplifier les calculs et l'estimation des paramètres de l'équation précédente, nous supposons souvent que les sources I_1, ..., I_l sont indépendantes. La formule 2.3 devient :

$$p(x \in C_i|I_1,...,I_l) = \frac{\prod_{j=1}^{l} p(I_j|x \in C_i)p(x \in C_i)}{p(I_1,...,I_l)} \qquad (2.4)$$

$p(I_j|x \in C_i)$ est la probabilité a posteriori que la décision "C_i sur l'élément x" provient de la source I_j.
$p(I_1,...,I_l)$ est un terme de normalisation qui est constant pour tous les événements. Dans le cas des sources indépendantes, ce terme devient $p(I_1) * ... * p(I_l)$, où $p(I_j)$ représente la probabilité qu'un élément pris au hasard provient de la j^{ieme} source $(1 \leq j \leq l)$.
$p(x \in C_i)$ est la probabilité que l'élément x appartient à une classe C_i.

4. **Décision**

La décision en théorie des probabilités est généralement prise par la règle du maximum a posteriori définie comme suit :

$$x \in C_i \ si \ p(x \in C_i|I_1,...,I_l) = \max(p(x \in C_k|I_1,...,I_l), 1 \leq k \leq n) \qquad (2.5)$$

D'autres critères de décision ont été développés dans la littérature dont nous citons : le maximum de vraisemblance, le maximum d'entropie, la marginale maximale et l'espérance maximale [20].

2.3.2.2 Fusion en théorie des possibilités

La théorie des possibilités permet de représenter les incertitudes et les imprécisions accompagnant les informations [20].
Soit X un ensemble de référence. Une mesure de possibilité Π attribue à chaque

sous-ensemble $Y \in \wp(X)$ de X un réel dans [0,1] évaluant à quel point l'événement Y est possible [11]. Ainsi, Π est une fonction de $\wp(X)$, à valeurs dans [0,1], telle que :

$$\Pi(\emptyset) = 0 \,;$$

$$\Pi(X) = 0 \,;$$

$$(\forall(A_i) \in \wp(X))\Pi(\cup_i A_i) = \sup_i(A_i)$$

Une distribution de possibilité est une fonction π qui attribue à tout singleton de X un réel dans [0,1], et qui vérifie de plus (cas où X contient la vérité) [11] :

$$\sup_{x \in S} \pi(x) = 1 \qquad (2.6)$$

1. **Modélisation**

   La théorie possibiliste repose sur les possibilités $(\pi_j^x(C_i))$ pour modéliser les imperfections. $\pi_j^x(C_i)$ représente le degré de possibilité pour que la classe à laquelle appartienne x prenne la valeur C_i tout en se basant sur la source I_j.

   A partir de ces degrés de possibilités, nous pouvons calculer la possibilité Π et la nécessité N qui sont définies par :

   $$\Pi_j(\{x \in C_i\}) = \pi_j(x \in C_i); N_j(\{x \in C_i\}) = \inf\{(1 - \pi_j(x \in C_k)), C_k \neq C_i\} \quad (2.7)$$

2. **Estimation**

   L'estimation des degrés de possibilités est en général un problème majeur pour la théorie possibiliste. Plusieurs méthodes ont été proposées dans la littérature, parmi lesquelles, nous citons : les méthodes d'apprentissage probabiliste, les heuristiques et les techniques floues. D'autres méthodes basées sur les histogrammes [39] permettent d'estimer directement les fonctions d'appartenance et les degrés de possibilités. Dans [59], les auteurs ont proposé d'utiliser l'algorithme c-moyenne possibiliste (Possibilistic C-Means " PCM ") afin d'estimer les degrés de possibilités $\pi_j^x(x \in C_i)$.
   Si nous considérons que f_{ik} est le degrée d'appartenance que la décision sur x_i est C_k, où $\forall i$ $f_{ik} \in [0,1]$. Le principe de l'algorithme PCM est de minimiser U donnée par l'équation suivante :

   $$U(f, v, w) = \sum_{k=1}^{c} \sum_{i=1}^{n} f_{ik}^m d_{ik}^2 + \sum_{k=1}^{c} w_k \sum_{i=1}^{n} (1 - f_{ik})^m \qquad (2.8)$$

   Où
   F est la matrice floue des éléments f_{ik}.
   $V = \{V_1, V_2, ..., V_c\}$ sont les centres des regroupements représentant les décisions à

identifier.

d_{ik} représente la distance entre un regroupement et x_i.

$w = \{w_1, ..., w_c\}$ est l'ensemble des pénalités pour l'algorithme PCM.

m est un coefficient contrôlant la quantité floue dans la partition ($m > 1$).

3. **Combinaison**

Un des intérêts de la théorie des possibilités est qu'elle offre une grande variété d'opérateurs de combinaison. Nous en présentons les principaux et nous citons les critères de sélection de ces opérateurs [19].

– T-norms (Triangular norms) : cet opérateur généralise la notion de l'intersection des ensembles (sources concordantes). Pour tout T-norms t, nous avons :

$$\forall (x, y) \in [0, 1]^2, t(x, y) \leq \min(x, y) \tag{2.9}$$

– T-conorms (Triangular conorms) : cet opérateur généralise la notion de l'union des ensembles (sources discordantes). Pour tout T-conorms t, nous avons :

$$\forall (x, y) \in [0, 1]^2, t(x, y) \geq \max(x, y) \tag{2.10}$$

– Opérateur moyenne : le résultat de la combinaison est en général entre la valeur minimale et maximale.

Le choix de l'opérateur de fusion peut se faire selon plusieurs critères :

– Le comportement : soient x et y deux réels (dans $[0 ; 1]$) représentant les degrés de confiance à combiner. La combinaison de x et y par un opérateur F est dite :
  – Conjonctif si $F(x; y) \leq \min(x; y)$.
  – Disjonctif si $F(x; y) \geq \max(x; y)$.
  – Compromis si $x \leq F(x; y) \leq y$ si $x \leq y$ et $y \leq F(x; y) \leq x$ sinon.
– La dépendance d'une information supplémentaire.
– Le caractère plus ou moins discriminant pour la décision.

4. **Décision**

La règle principale utilisée dans la théorie possibiliste est le maximum de degré de possibilités défini par :

$$x \in C_i \; si \; \pi^x(C_i) = \max\{\pi^x(C_k), 1 \leq k \leq n\} \tag{2.11}$$

La qualité de la décision est mesurée par deux critères :

– Netteté de la décision : $\pi^x(C_i) \geq \epsilon$.
– Caractère discriminant de la décision : $\pi^x(C_i) = \max\{\pi^x(C_k), 1 \leq k \leq n\} \geq \epsilon$.

Où ϵ un seuil choisi selon les applications et selon l'opérateur de combinaison choisi. Si les deux critères de netteté et de caractère discriminant ne sont pas satisfaits pour un élément x, il sera reclassifié ou classé dans une classe rejet.

2.3.2.3 Fusion en théorie de l'évidence

La théorie de l'évidence permet la représentation de l'imprécision et l'incertitude par l'utilisation des fonctions de masses, de croyances et de plausibilités [20].

1. **Modélisation**

   La théorie des fonctions de croyance permet de représenter à la fois l'imprécision et l'incertitude à l'aide de fonctions de masse m, de plausibilité Pls et de croyance Bel. Les fonctions de masse sont définies sur tous les sous-ensembles de l'espace D, appelé espace de discernement, et pas simplement sur les singletons comme les probabilités qui ne mesurent que la probabilité d'appartenance à une classe donnée.

   Si $D = \{C_1, ..., C_n\}$, la fonction de masse est définie par :

   $$2^D \to [0,1], m(\phi) = 0 \ et \ \sum_{A \subset D} m(A) = 1 \qquad (2.12)$$

   La quantité $m(A)$ représente la croyance sur la proposition A. La quantité $m(\phi)$ représente la masse qui ne peut être dédiée à aucune des propositions de D.

   Les sous-ensembles de D tels que $m(A) > 0$ sont appelés éléments focaux de m. La fonction de croyance Bel est une fonction totalement croissante de 2^D dans $[0;1]$ telle que :

   $$\forall A_1 \in 2^D, ..., A_k \in 2^D; Bel\left(\bigcup_{i=1,...,k} A_i\right) \geq \sum_{I \subseteq (1,...,k)} (-1)^{|I|+1} Bel\left(\bigcap_{i \in I} A_i\right) \qquad (2.13)$$

   $Bel(\phi) = 0 \ et \ Bel(D) = 1$

   Soit m la fonction de masse alors Bel peut être définie par :

   $$\forall A \subseteq 2^D, Bel(A) = \sum_{B \subseteq A} (-1)^{|A-B|} Bel(B) \qquad (2.14)$$

   Inversement :

   $$\forall A \subseteq 2^D, m(A) = \sum_{B \subseteq A, B \neq \emptyset} m(B) \qquad (2.15)$$

   La fonction de plausibilité est définie par :

   $$\forall A \subseteq 2^D, Pls(A) = \sum_{B \cap A \neq \emptyset} m(B) = 1 - Bel(A^C) \qquad (2.16)$$

2. **Estimation**

   L'estimation des fonctions de masse est un problème difficile, qui n'a pas de solution universelle [20]. Les méthodes proposées en littérature s'appuient en général sur les probabilités pour calculer les fonctions de masses ou comme support pour initier le calcul. Dans [59] et [58], nous avons proposé d'utiliser l'algorithme PCM (Possibilistic C-Means) pour l'initiation des fonctions de masses dans un cadre de fusion en imagerie satellitale.

3. Combinaison

Pour la combinaison dans la théorie des croyances, plusieurs opérateurs ont été proposés, parmi lesquels nous citons la règle orthogonale de Dempster-Shafer, définie comme suit :

$$m(A) = (m_1 \oplus m_2 \oplus ... \oplus m_l)(A) = \frac{\sum_{B_1 \cap ... \cap B_l = 1} m_1(B_1)m_2(B_2)...m_l(B_l)}{1 - K} \quad (2.17)$$

Où

$m_j \ (j = 1...l)$ est la fonction de masse définie pour la source j.
K représente le degré de conflit entre les l sources. K est défini par l'équation 2.17.

$$K = \sum_{B_1 \cap ... \cap B_l = \emptyset} m_1(B_1)m_2(B_2)...m_l(B_l) \quad (2.18)$$

4. Décision

L'un des avantages de la théorie de l'évidence ou de croyance est sa richesse en termes de critères de décision. Parmi ces critères, nous citons :
– Maximum de plausibilité :

$$x \in C_i \ si \ Pls(C_i)(x) = \max\{Pls(C_k)(x), 1 \le k \le n\} \quad (2.19)$$

– Maximum de crédibilité :

$$x \in C_i \ si \ Bel(C_i)(x) = \max\{Bel(C_k)(x), 1 \le k \le n\} \quad (2.20)$$

– Maximum de crédibilité sans recouvrement des intervalles de confiance (très stricte) :

$$x \in C_i \ si \ Bel(C_i)(x) \ge \max\{Pls(C_k)(x), 1 \le k \le n, k \ne i\} \quad (2.21)$$

Chacune des méthodes de fusion déjà décrite a son propre modèle pour gérer les imperfections. Le choix d'une méthode de fusion appropriée dans une situation décisionnelle donnée n'est pas trivial. Dans [59] [58], nous avons montré qu'il n'y a pas une méthode de fusion universelle offrant toujours les meilleurs résultats que les autres méthodes. En effet, le choix de la méthode appropriée dépend fortement de plusieurs facteurs reliés au contexte du travail. Nous avons développé dans [59] [58] un cadre du travail basé sur le raisonnement à base de cas et le raisonnement à base des règles permettant d'identifier la méthode de fusion la plus appropriée pour une situation donnée. Le contexte d'application de ce cadre du travail est la classification des images satellitales multi-capteurs.

2.4   Conclusion

Dans ce chapitre, nous avons défini la notion d'imperfection et nous avons présenté ses différents types. Nous avons présenté aussi les imperfections qui sont inhérentes au processus d'ECBD des images satellitales. Ces imperfections sont de trois types : les imperfections liées aux données, aux modèles et aux résultats. La dernière partie de ce chapitre a été consacrée aux méthodes de traitement des imperfections à savoir les méthodes des probabilités, des possibilités et de l'évidence. Le traitement des données imparfaites dans ces trois méthodes a été détaillé suivant les quatre étapes : la modélisation, l'estimation, la combinaison et la décision.

Dans le chapitre 3, nous allons présenter les méthodes de suivi spatiotemporel permettant de modéliser les imperfections qui accompagnet le processus d'extraction.

3

Modèles de prédiction de changements spatiotemporels à partir des images satellitales

Sommaire

3.1 Introduction

La compréhension des causes qui entraînent des problèmes environnementaux tels que la déforestation, l'érosion et l'étalement urbain ont contribué à accroître l'utilisation des approches modélisatrices, et ce pour simuler les effets de ces problèmes. Des outils d'analyse spatiale tels que les outils proposés par la télédétection et les systèmes d'information géographique (SIG) contribuent depuis plusieurs années à enrichir les approches modélisatrices [44]. Parmi les champs d'application de ces approches, la prédiction des

changements spatiotemporels à partir des images satellitales. Ce champ d'application a fait l'objet de plusieurs études et recherches afin de proposer des modèles efficaces et précis permettant la prédiction de la dynamique des objets.
Dans ce chapitre, nous introduisons d'abord le besoin en modélisation pour les phénomènes dynamiques. Ensuite, nous présentons les différentes approches modélisatrices des changements spatiotemporels à partir des images satellitales. Ces approches sont classées en deux catégories, nous trouvons des approches basées sur un raisonnement dur et d'autres basées sur un raisonnement approximatif. Enfin, nous établissons une comparaison entre les différents modèles reposant sur ces deux catégories d'approches de modélisation.

3.2 Modélisation pour la prédiction de changements

La modélisation permet d'étudier les causes et les conséquences des changements spatiotemporels, et ce dans le but d'élaborer une simulation aboutissant à une meilleure compréhension de ces changements. La modélisation des phénomènes dynamiques en imagerie satellitale prend en compte plusieurs facteurs qui influencent ces phénomènes tels que l'interaction spatiale et les effets de voisinage des différents objets composant la scène satellitale [44]. En effet, l'analyse de ces interactions et de ces relations de connexions qui structurent les différentes entités spatiales aide à la compréhension des changements de cette scène. Bien que ces facteurs s'avère importants, leur détermination est difficile. Par exemple, pour le suivi des changements de l'occupation du sol, les entités spatiales interagissent entre elles et ceci moyennant des relations complexes. Ceci rend la distinction des changements et de leurs facteurs difficile.
Dans la littérature, nous distinguons deux catégories d'approches modélisatrices pour la prédiction des changements spatiotemporels à partir des images satellitales : des approches basées sur un raisonnement dur et des approches basées sur un raisonnement approximatif.

3.2.1 Approches basées sur un raisonnement dur

Parmi les approches basées sur un raisonnement dur, nous citons : les approches basées sur les modèles mathématiques, les modèles statistiques, les modèles d'évolution, les modèles cellulaires et finalement les modèles multi-agents.

3.2.1.1 Approches basées sur les modèles mathématiques

Les modèles mathématiques utilisent des équations qui ont comme finalité la recherche d'une solution d'équilibre [40]. Ces équations mathématiques sont proposés pour simuler un phénomène et pour modéliser le niveau de complexité des changements spatiotemporels. Parmi les modèles mathématiques utilisés, nous citons les modèles basés sur la programmation linéaire [143] et les modèles associés au SIG [48].

Dans [91], Kerekes *et al.* ont présenté une approche permettant l'analyse, la détection et la prédiction des changements de scènes issues de capteurs multispectraux ou hyperspectraux. L'approche proposée utilise un modèle linéaire et des algorithmes de détection pour la détermination des caractéristiques des scènes.

Dans [33], Carrão *et al.* ont proposé une approche pour l'identification et la prévision des attributs phénologiques de la végétation. L'approche repose sur un modèle harmonique paramétré non linéaire. Ce modèle sert à identifier et prévoir la dynamique des différents types d'occupation du sol.

L'inconvénient majeur des modèles mathèmatiques est que ces modèles visent l'obtention d'une solution de prédiction qui est numérique ou analytique. Ceci limite le niveau de complexité des problèmes traités par ce type de modèles [114].

3.2.1.2 Approches basées sur les modèles statistiques

Les modèles statistiques sont très souvent utilisés pour la modélisation des changements spatiotemporels à partir des images satellitales [107]. Ces modèles tentent d'identifier explicitement les causes des changements de l'occupation du sol et ceci en utilisant des analyses multi-variées des contributions exogènes possibles pour en dériver empiriquement le rythme et le niveau du changement [44].Ces modèles se servent d'une variété de techniques de régression [148]. Parmi ces techniques nous citons celles associées aux régressions logistiques. Ces techniques sont utilisées pour étudier les phénomènes de déforestation, de prédiction des feux dans les forêts et pour suivi de l'urbanisme [131] [132].

Dans [23], Boucher *et al.* ont présenté une méthode qui exploite à la fois les domaines temporel et spatial de séries d'images satellitales pour modéliser les changements de l'occupation du sol. Le contexte spatiotemporel de chaque pixel de l'image est modélisée par une combinaison de : 1) données spécifique du pixel ; 2) pixels voisins dérivées des données d'observation du sol et 3) probabilités de transition des séries temporelles. Dans ce travail, l'information spatiale est modélisée avec des variogrammes et elle est intégrée en utilisant l'indicateur " krigeage ".

Dans [108], Millington *et al.* ont examiné l'utilité du partitionnement hiérarchique et des modèles de régression logistique multinomiale pour expliquer et prédire les changements d'usage et d'occupation du sol. Les modèles de régression logistique multinomiale utilisés permettent de projeter et d'estimer les changements de la classification du couvert végétal et ceci suivant différentes résolutions spatiales.

Dans [83], Huang *et al.* proposent un modèle statistique permettant d'aider à comprendre les changements du sol. Le SIG (Système d'Information Géographique) a été couplé avec un modèle de régression logistique et des techniques de lissages exponentielles pour explorer les effets de divers facteurs sur le changement de l'occupation du sol. Le modèle proposé a été validé en utilisant des données multi-temporelles de l'occupation du sol dans le comté de New Castle, Delaware.

La limite majeure des modèles statistiques est leur incapacité de gérer la variabilité spatiale dans le processus de détection et prédiction des changement d'occupation du sol [128]. En plus, ces modèles fournissent des aperçus sur des rapports empiriques à partir des historiques. Ils ne permettent pas de projeter la trajectoire de développement futur des changements en utilisant les alternatives associées aux schémas de gestion [1]. Ces alternatives peuvent inclure des décisions qui ont été prises et dont les effets n'ont pas été représentés et donc n'ont pas été stockés dans l'historique.

3.2.1.3 Approches basées sur les modèles d'évolution

Les modèles d'évolution reposent sur les techniques de l'intelligence artificielle et sur les approches symboliques [114]. Plusieurs travaux ont abordé la prédiction des changements spatiotemporels à partir des images satellitales en se basant sur les modèles d'évolution.

Dans [113], Paegelow *et al.* ont proposé une modélisation prospective de l'occupation du sol basée sur les réseaux de neurones. Le but de la modélisation proposée est de suivre la dynamique spatiotemporelle des Garrotxes situées dans le département des Pyrénées Orientales.

Dans [112], Ostlin *et al.* ont proposé aussi d'utiliser les réseaux de neurones pour prédire la perte de chemins pour les environnements ruraux. Plusieurs réseaux de neurones tel que les réseaux de perceptrons multicouches ont été utilisés pour obtenir des informations sur la prédiction de la perte de chemins.

Dans [119], Pradhan *et al.* ont montré les résultats de l'application du modèle neuro-flou sur les données provenant des SIG (Système d'Information Géographique). Ces modèles ont été utilisé pour l'analyse de la susceptibilité du glissement de terrains dans une partie de la zone de Cameron Highlands en Malaisie. Huit facteurs de conditionnement de glissement de terrains ont été extraits à partir des bases de données spatiales. Ces facteurs ont été analysés en utilisant un système adaptatif d'inférence neuro-flou pour produire des cartes pour représenté la susceptibilité du glissement de terrains.

3.2.1.4 Approches basées sur les modèles cellulaires

Les modèles cellulaires incluent principalement les automates cellulaires (AC). Chaque cellule dans les AC existe dans un état parmi un ensemble fini d'états. Les états futurs dépendent des règles de transition basées sur un voisinage spatiotemporel local. L'environnement spatial est représenté par une grille de cellules dont le modélisateur définit les règles d'évolution selon le principe de l'auto-corrélation spatiale et temporelle [44]. L'état d'une cellule au temps $t + 1$ dépendra de l'état de cette cellule et de son voisinage au temps t. La dynamique d'une scène repose ainsi sur les interactions locales entre les entités spatiales voisines.

Dans [94], Largouet et Cordier ont proposé d'utiliser un modèle d'évolution basé sur les automates temporisés et ceci pour reconnaitre le type d'occupation du sol.

Dans [56], Saheb Ettabaa a opté pour les automates temporisés pour reproduire l'évolution en fonction du temps de la dynamique des objets issus des images satellitales.

dans [92], Lajoie et Hagen-Zanker ont proposé aussi d'utilisé les automates cellulaires pour simuler les changements d'occupation du sol à La Réunion. Lajoie *et al.* ont présenté différents scénarii en faisant varier soit le statut des terres soit les objectifs.

Dans [8], Arai et Basuki ont utilisé une approche fondée sur les automates cellulaires pour la prédiction des catastrophes causées par l'écoulement de boues chaudes. Ce choix est justifié par le fait que les automates cellulaires permettent une bonne visualisation de la dynamique des fluides. L'approche proposée ajoute des paramètres probabilistes et de nouvelles règles telles que des règles de déplacement, des règle de précipitations et des règles d'absorption aux automates cellulaires.

Les modèles cellulaires ont prouvé leurs utilités dans la modélisation des changements spatiotemporels à partir des images satellitales. Cependant, ces modèles ont un défi majeur lorsqu'il s'agit d'incorporer des connaissances humaines dans leurs processus de raisonnement [114]. Pour résoudre ce défi, il est nécessaire d'utiliser des règles hiérarchiques pour différencier entre les différents types de connaissances [144] [56].

3.2.1.5 Approches basées sur les modèles multi-agents

Les modèles multi-agents sont constitués d'un ensemble d'agents autonomes et indépendants en interaction. Les systèmes multi-agents visent à résoudre un problème en le découpant en tâches spécifiques qui sont simultanément traitées par un ensemble d'agents. Nous appelons agent une entité physique ou abstraite, capable d'agir sur elle-même et sur son environnement. L'agent,dans un univers multi-agent, peut communiquer avec d'autres agents. Son comportement est la conséquence de ses observations, de sa connaissance et de ses interactions avec les autres agents [16].

Dans [101], Liu *et al.* ont proposé une méthode pour simuler la dynamique de l'utilisation des zones urbaines et ceci en se servant des systèmes multi-agents. La méthode proposée consiste en une série de couches de l'environnement et de couches multi-agents qui peuvent interagir les uns avec les autres. Liu *et al.* ont exploré les interactions entre les différents agents. Ces interactions ont donné lieu à des modèles urbains macro-spatiaux. La méthode proposée est validé en simulant la dynamique d'utilisation des terres de Haizhu de Guangzhou entre 1995 et 2004. Comme évaluation de cette méthode, Liu *et al.* ont proposé de la comparer avec les résultats des travaux utilisant les automates cellulaires.

Dans [86], Irwin *et al.* ont présenté une approche de modélisation qui se compose de modèles multi-agents bottom-up et top-down pour décrire et expliquer la dynamique spatiale d'une zone urbaine. L'approche proposée consiste en trois étapes itératives : 1) la première étape permet de représenter la dynamique et les interactions aux niveaux micro, méso et macro, 2) la deuxième étape permet de relier les micro-échelles des comportements et la dynamique du système à la méso-et macro-échelles, et 3) la troisième étape permet d'explorer la dynamique urbaine à plusieurs échelles spatiales.

Dans [80], Honghui *et al.* ont mis en œuvre un ensemble de règles spatiotemporelles pour l'allocation des ressources terrestres. Honghui *et al.* ont développé un modèle dynamique d'expansion urbaine basé sur un système multi-agent. Ce modèle permet de simuler l'interaction entre les différents agents. L'application du modèle a été faite sur la ville de Changsha en Chine.

Dans [88], Jjumba et Dragicevic ont proposé un modèle à base d'agents permettant de simuler les changements urbains en utilisant des unités spatiales irrégulières à une échelle cadastrale. Le modèle proposé a été validé pour déterminer la croissance urbaine de la ville canadienne Chilliwack.

Dans la plupart des travaux, les modèles multi-agents sont combinés avec d'autres types de modèles et ceci afin d'inclure l'aspect spatiotemporel dans le processus de modélisation.

3.2.2 Approches basées sur un raisonnement approximatif

Les approches basées sur un raisonnement approximatif manipulent souvent des données imparfaites. L'objectif de ces approches est d'intégrer ces imperfections dans le processus de prédiction afin d'établir des scénarii prédictifs plus fiables. Ceci exige la définition de l'imperfection et des méthodes permettant l'intégration de ces imperfections dans le processus de raisonnement.

Parmi les approches basées sur un raisonnement approximatif, nous distinguons essentiellement : les approches basées sur les modèles de Markov et sur les modèles experts.

3.2.2.1 Approches basées sur les modèles de Markov

Les modèles de Markov ont pour objectif de prendre les décisions optimales dans un monde incertain [96]. Les processus de changements sont simulés à l'aide de techniques stochastiques linéaires, c'est-à-dire que la mise en place du modèle est contrôlée par des variables aléatoires qui ne peuvent être exprimées que de façon probabiliste [44]. Les modèles de Markov étudient, à partir de probabilités, le processus d'évolution d'un ensemble d'états évoluant dans le domaine spatial, temporel ou de la fréquence. Un processus d'évolution est dit markovien si la probabilité d'observation de l'état est tributaire d'un nombre fini de ses voisins. Si l'état constaté à l'instant " t " ne dépend que de l'état précédent, il est identifié comme étant un modèle de premier ordre. S'il dépend de plusieurs états antécédents, nous parlerons d'un modèle markovien d'ordre supérieur [115]. Les modèles de Markov consistent en la création d'une matrice composée des probabilités de transition d'un état à un autre [44].

Dans [146], Zepeda traite la transition non-stationnaire de la distribution de la taille des exploitations laitières dans l'état de Wisconsin (USA).

Dans [9], Balzter et al. ont proposé d'utiliser les chaines de Markov spatio-temporelles couplées avec les automates cellulaires pour modéliser les changements d'occupation du sol.

Dans [54], Essid et al. ont proposé une approche basée sur le modèle du Markov caché couplé et ceci pour identifier les variations dans les images satellitales et pour mesurer et interpréter l'influence des descripteurs sur la dynamique des scènes.

Dans [87], Jing et al. ont proposé un modèle pour la prédiction des changements des zones cultivées. Ce modèle est basé sur les chaînes de Markov utilisant les pondérations floues. Jing et al. ont appliqué le SIG et des modèles mathématiques pour calculer le changement de l'occupation e sol.

Dans [57], Falahatkar et al. ont présenté une méthode hybride pour la classification d'images. Cette méthode est une combinaison de classification supervisée et non supervisée. Les automates cellulaires et les modèles de Markov ont été utilisés dans un modèle de prédiction des cartes de couverture terrestre. Pour étudier la précision des cartes prédites et la validation du modèle proposé, trois méthodes ont été utilisées : une table d'accord/désaccord de calcul, un test de validité basé sur un chi deux et une matrice d'erreur.

3.2.2.2 Approches basées sur les modèles experts

Les modèles experts combinent des connaissances d'experts avec des modèles de probabilités comme les modèles probabilistes bayésiens ou le modèle issu de la théorie des évidences de Dempster-Shafer [44]. Les modèles experts comprennent aussi des modèles qui associent les connaissances d'expert à des approches d'intelligence artificielles tels que les systèmes à base de connaissances [114]. Ces derniers expriment des connaissances qualitatives de façon quantitative. Ceci permet de déterminer où les changements sont susceptibles de se produire.

Dans [95], Le Hegarat-Mascle *et al.* ont proposé d'utiliser la théorie de l'évidence de Dempster-Shafer pour combiner plusieurs indices de changements. L'application de l'approche présentée en [95] est faite pour le suivi des coupes de forêts et de la couverture hivernale des végétations dans les régions rurales intensives.

Dans [111], Muthu *et al.* ont proposé un système expert flou pour la création de cartes représentant les risques de glissement de terrains. Le système proposé utilise les informations sur le changement de l'occupation du sol, l'historique des précipitations ainsi que les données sismiques enregistrées. Ce système considère des règles qui augmentent la possibilité d'un glissement de terrain et les exprime sous forme de formules empiriques algébriques.

Dans [89], Julea *et al.* ont proposé une approche non supervisée d'extraction de l'évolution temporelle au niveau pixel. Cette approche permet de choisir les pixels couvrant au moins une surface minimale et ayant une haute mesure de connectivité. L'approche proposée est basée sur les techniques de fouille de données. L'application de cette approche présentée en [89] est faite pour la surveillance des cultures et de la déformation de la croûte.

Le problème principal des modèles experts est qu'ils nécessitent de prendre en compte tous les aspects du problème considéré [114], ceci limite souvent leur usage à des sites de taille réduite.

3.3 Comparaison des approches de prédiction de changements spatiotemporels à partir des images satellitales

Pour la comparaison des approches de prédiction des changements spatiotemporelles à partir des images satellitales, nous avons fixé les critères suivants : le type du modèle, le nom du système, le domaine d'application, la stratégie de prédiction de changements, la période de simulation des changements et la modélisation de l'imperfection.

Comparaison des approches de prédiction de changements spatiotemporels à partir des images satellitales

L'étude non exhaustive de quelques approches de prédiction illustrée dans le Tableau 3.1, nous a permis de dégager les réflexions suivantes :

- Le raisonnement et la mise en place d'approches de prédiction des changements spatiotemporels reposent souvent sur des connaissances incertaines et imprécises. Ceci exige de définir une représentation de l'incertitude et de l'imprécision et de choisir des procédures de raisonnement qui prennent en compte ces connaissances tout en les propageant au cours des différentes étapes de raisonnement [44].

- L'étape d'apprentissage est une étape cruciale dans le processus de prédiction des changements spatiotemporels. Cette étape doit inclure les différents facteurs qui peuvent influencer la prise de décision sur les changements spatiotemporels.

- Plusieurs approches de prédiction de changements spatiotemporels ont été proposées. Ces approches peuvent être groupées en deux grandes familles : des approches basées sur un raisonnement dur et des approches basées sur un raisonnement approximatif. Les approches basées sur un raisonnement dur offrent souvent un cadre mathématique puissant. Cependant, ils souffrent de la gestion limitée de la variabilité spatiale dans le processus de prédiction de changements spatiotemporels. De plus, ces approches exigent qu'une solution numérique ou analytique doive être obtenue. Ceci limite le niveau de complexité des problèmes traités par ce type d'approches. Pour ces différentes raisons, cette famille d'approches semble inadéquate pour la prédiction des changements spatiotemporels à partir des images satellitales.

- Pour les modèles de Markov, la limite majeure de ces modèles est que la classe en sortie dépend uniquement des antécédents culturaux de la parcelle. Cependant, les facteurs qui influent le changement sont beaucoup plus complexes et diversifiés. De plus, pour ces modèles, si les probabilités de transitions peuvent être représentées à partir des interviews d'expert, leurs variabilités et leurs incertitudes en fonction du temps ne peut pas être modélisée.

- Les modèles experts ont l'avantage qu'ils permettent de combiner des informations hétérogènes incluant des informations qualitatives. Ceci s'avère souvent nécessaire pour simuler de façon vraisemblable l'évolution future de l'utilisation des sols. C'est pourquoi, ces modèles apparaissent les mieux adaptés pour la prédiction des changements spatiotemporels, étant donné que l'historique et la situation présente sont connus, et pour lesquels de nombreuses sources d'information pouvant être intégrées dans le processus de prédiction. Ces modèles peuvent même simuler des situations où nous ne disposons pas d'historique sur les changements spatiotemporels. Ceci est possible en intégrant des informations complémentaires afin de rejeter ou de confirmer une décision sur l'éventualité d'un changement [44].

Comparaison des modèles de prédiction de changements spatiotemporels en imagerie satellitale

Type du modèle		Approche	Domaine d'application	Stratégie de prédiction de changements	Période simulation de changements	Modélisation d'imperfection
Approche « dure »	Modèles mathématiques	[143]	Amélioration de l'allocation de l'usage de l'eau dans la vallée de San Joaqui à Californie	Evaluation des effets des marchés d'eau en se basant sur la programmation linéaire développée pour simuler la prise de décision concernant le domaine agricole suite un problème d'écoulement d'eau	Non spécifié	Non
		[40]	Planification de l'usage de sol	1) Utilisation de SIG pour assembler les données sur la zone étudiée 2) Détermination de l'usage de sol optimal par la programmation linéaire 3) Ré-Utilisation de SIG pour déterminer les considérations spatiales et les critères utiles nécessaires à la programmation linéaire	Non spécifié	Non
	Modèles statistiques	[131]	Prédiction des changements de l'usage de sol (étalement urbain) dans la Région métropolitaine de Peoria–Pekin, Illinois, USA	1) Utilisation d'une carte topographique comme information historique pour modifier la matrice de confusion concernant la carte d'usage de sol. 2) Evaluation de l'influence de la misclassification de la carte d'usage de sol sur la prédiction de probabilité de l'étalement urbain	1993–2000	1) Localiser la matrice de confusion en utilisant une carte topographique 2) Définition des erreurs de classification en se basant sur les matrices de confusion régionale et locale
		[132]	Prédiction des changements de l'usage de sol (développement urbain) en se basant sur la régression logistique	1) Décomposition des classes multiples aux classes doubles 2) Inférence des probabilités conditionnelles 3) Application de la régression logistique pour les modèles des probabilités binomiales	1980-1990	Non
		[106]	Prédiction de l'ignition de feux dans les forêts causées par les humains	Construction d'un modèle logique base sur 13 variables reliées au risque causées par l'humain pour l'ignition des feux. Estimation des probabilités des basses et hautes occurrences des feux dans les forêts	13 ans	Non
	Modèles d'évolution	[49]	Prédiction des probabilités de distributions spatiales d'ignition de feux dans les terres sauvages au Portugal centrale	1) Construction d'une table d'attributs pour les points d'ignition 2) Construction d'une base géographique raster, contenant des cartes thématiques 3) Extraction au hasard des échantillons sur les conditions environnementales 4) Construction de quatre tables bilatérales, une pour chaque cause	Non spécifié	Non

43

			d'ignition et un pour toutes les causes de l'ignition mises en commun		
	[81]	Etude de l'évolution de l'occupation hivernale des sols en Bretagne	Méthode neuronale fondée sur une carte de Kohonen utilisant : - Les signatures spectrales pour estimer les proportions du mélange observé (démélangeage spectral) - La structure spatiale d'images à HRS pour améliorer la résolution d'une image multi-spectrale	Une année	Non
Modèles cellulaires	[94]	Amélioration de la classification des séquences d'images satellitales du bassin versant Chèze-Canut (sud-ouest Rennes, france)	1) Préclassification de la séquence d'images satellitales 2) Modélisation d'évolution de la scène par l'automate temporisé 3) Application de mécanisme de prédiction/postdiction pour améliorer la classification des séquences d'images satellitales.	Non spécifié	Modélisation des incertitudes à l'aide du formalisme des probabilités
	MOLAND [12]	Evaluation de la planification spatiale pour soutenir le développement urbain et mesurer les risques naturels	1) Entrer les cartes géographiques de la région d'intérêt 2) Déduire les types d'usage de sol et le réseau de transport à partir du GIS 3) Affecter des poids aux paramètres spécifiant l'interaction entre les types d'usage de sol voisins 4) Générer les règles de transition	10 à 20 ans	Non
	[92]	Simulation de l'étalement urbain à l'île de La Réunion	1) Calibrer le modèle à l'aide des sources d'information provenant du programme TEMOS coordonné par le CIRAD et l'IRD 2) Transformer les images sous formes de grilles 3) Appliquer l'automate cellulaire Metronamica®	Un pas d'une année (peut simuler des dates futurs > 1 an)	Non
Modèles multi-agents	[13]	Suivi de la variation des zones irriguées dans la vallée de la rivière du Sénégal	1) Génération des scénarios de la variation des zones irriguées 2) Classification des scénarios de simulation selon la longévité 3) Evaluation des scénarios et déduire leurs viabilités afin de proposer des nouveaux aperçus pour les zones irriguées	Non spécifié	Non
	[56]	Modélisation de la dynamique spatiotemporelle de la scène ainsi que l'ensemble des instances d'objets basée sur les automates temporisés	1) Architecture basée sur 3 modules : - Module contrôle utilisateur - Module contrôle d'exécution - Module raisonnement dynamique 2) Architecture du tableau noir composée de 3 niveaux hiérarchiques : - Les stratégies - Les tâches -Les spécialistes	Non spécifié	Non

		[126]	Analyse de l'effet potentiel de crédit de courte durée, engrais minéral, et l'amélioration de la semence de la graine du maïs sur la pauvreté	1) Module définissant les politiques et les restrictions 2) Module définissant la dynamique 3) Module de prise de décision	Non spécifié	Non
Approche « approximative »	Modèles de Markov	[146]	Distribution de la taille des exploitations laitières	Calcul des probabilités des mouvements et l'élasticité des structures de fermes par modèle de Markov Examen de l'impact du changement sur la distribution de dimension des fermes à travers le temps Estimation des probabilités de transitions non-stationnaires caractérisant le mouvement de la dimension de la ferme	1980-1990	Modélisation par logique floue afin d'estimer les probabilités de transitions non-stationnaires
		[54]	Déforestation	1) Segmentation et extraction des régions à partir de chaque image de la séquence observée 2) Détermination des vecteurs caractéristiques des régions 3) Construire un modèle de Markov caché couplé	Non spécifié	Non
	Modèles experts	[45]	Prédiction de l'occupation de sol des bassins versants sujet à des problèmes de l'environnement en se basant sur la méthode des évidences de Dempster-Shafer	1) Identification des facteurs motivant les changements de l'occupation de sol. 2) Affectation des masses de croyances pour les deux hypothèses "sol couvert" et "sol nu" 3) Application de la règle de Dempster-Shafer	Une année	Modélisation de l'imprécision et de l'incertitude en se basant sur la théorie de l'évidence de Dempster-Shafer (fonctions, de plausibilité de crédibilité et de confiance)
		[75]	Objets dynamiques dans des scènes en imagerie satellitale (objet « Colza »)	Apprentissage non supervisé des objets dynamiques et des intérêts des utilisateurs Modélisation de la dynamique spatiotemporelle des trajectoires par des graphes Inférence des graphes à l'aide d'une méthode de fouille (réseaux bayésiens)	Non spécifié	Non

Tableau 3.1: Comparaison des modèles de prédiction de changements spatiotemporels
à partir des images satellitales.

45

3.4 Conclusion

Ce chapitre a été consacré à un état de l'art sur la prédiction des changements spatiotemporels à partir des images satellitales. Nous avons présenté deux grandes familles d'approches de modélisation de prédiction de changements : la famille d'approches basées sur un raisonnement dur et la famille d'approches basées sur un raisonnement approximatif. Nous avons élaboré un étude comparative de quelques approches de prédiction des changements spatiotemporels. Cette étude nous a mené à tirer plusieurs constatations : 1) la prise en compte de l'imperfection s'avère indispensable dans la modélisation de changements spatiotemporels à partir des images satellitales 2) les approches basées sur le raisonnement approximatif assurent la prise en compte de ces imperfections 3) les systèmes experts sont mieux adaptés à la prédiction de changements de l'occupation de sol.

Dans le chapitre suivant, nous allons présenter notre approche proposée pour la prédiction des changements spatiotemporels à partir des images satellitales. Cette approche est basée sur les systèmes experts et permet la gestion des imperfections à différents niveaux du processus de modélisation.

4 Approche proposée pour l'extraction de connaissances spatiotemporelles incertaines à partir des images satellitales pour la prédiction des changements

Sommaire

4.1   Introduction

Dans ce chapitre, nous présentons notre approche de prédiction des changements spatiotemporels de l'occupation du sol. Cette approche est basée sur un processus d'extraction de connaissances spatiotemporelles incertaines à partir des images satellitales. La nature des données en entrée, à savoir des images satellitales, implique la prise en compte des notions d'imperfections tout au long du processus de modélisation, de traitement et d'interprétation des résultats et ce afin d'améliorer les décisions prises sur les changements de l'occupation du sol.

Dans ce chapitre, nous commençons par présenter notre approche. Ensuite, nous détaillons la modélisation spatiotemporelle. La prédiction des changements sera exposée dans une troisième section. Nous terminons ce chapitre par aborder le problème de gestion des données imparfaites.

4.2   Présentation de l'approche

L'essence de notre approche s'articule autour du processus d'ECBD permettant la prédiction des changements spatiotemporels à partir des images satellitales. Pour ce faire, nous proposons un système modulaire basé sur le concept multi-agent intégrant des méthodes d'ECBD et de fusion de connaissances. Le choix d'une telle architecture est induit par le fait que les approches de type système multi-agent, utilisées pour l'interprétation des images, partent du constat que le travail du photo-interprète est décomposé en une succession d'étapes exploitant des connaissances de types différents. En plus, les architectures multi-agent offrent la possibilité d'un travail parallèle optimisant le processus d'interprétation des images.

La Figure 4.1 présente l'architecture de l'approche proposée. Notre approche est scindée en trois phases : une première phase destinée pour la modélisation spatiotemporelle des images satellitales, une deuxième phase permettant la prédiction des changements et une dernière phase assurant l'interprétation des changements.

La phase de modélisation est composée de trois étapes qui sont : la segmentation des images, le calcul des caractéristiques et la sauvegarde de la dynamique des objets. La phase de prédiction consiste en quatre étapes qui sont : la mesure de similarité, la construction des arbres de changements spatiotemporels, la recherche et la fusion des arbres pertinents.

En entrée, notre approche prend des images satellitales multi-dates prétraitées. En sortie, elle fournit un ensemble de connaissances décrivant les changements spatiotemporels de l'occupation du sol.

Puisque les données images sont souvent entachées par des imperfections, l'ignorance de ces imperfections pourra alors influencer sur les connaissances trouvées et sur les décisions à prendre. Pour ceci, notre approche tient compte des imperfections et elle les gère selon trois niveaux comme le montre la Figure 4.2. Ces niveaux sont : le niveau des données, le niveau de la prédiction et le niveau des résultats. Au niveau des données, nous avons des imperfections liées au passage du niveau pixel appelé aussi le niveau image au niveau plus haut qui est le niveau objet. Ces imperfections sont traitées lors de la première phase de modélisation spatiotemporelle. Au niveau de la prédiction, nous avons des imperfections liées aux étapes de mesure de similarité et de construction des arbres de changements spatiotemprels. Finalement, au niveau des résultats, nous avons des imperfections liées aux arbres générés par l'étape de construction des arbres de changements spatiotemprels.

Tout au long de ce chapitre, nous allons détailler la gestion des imperfections et ce pour chaque phase de notre approche.

4.3 Première phase : Modélisation spatiotemporelle des images satellitales

La modélisation spatiotemporelle des images satellitales permet de fournir une interprétation des changements spatiaux et/ou temporels des objets dans les images. Un objet est vu comme un système évolutif qui change de caractéristiques au cours du temps. Ces caractéristiques peuvent décrire différents attributs de l'objet tels que : la forme, la couleur, la texture, la taille, etc. Nous distinguons trois axes dont évolue un objet extrait à partir d'une image : l'axe spatial, l'axe temporel et l'axe thématique. Ces trois axes sont illustrés par la Figure 4.3 [26]. Ainsi, la modélisation spatiotemporelle proposée permet de représenter : les objets d'une image ou d'une séquence d'images,

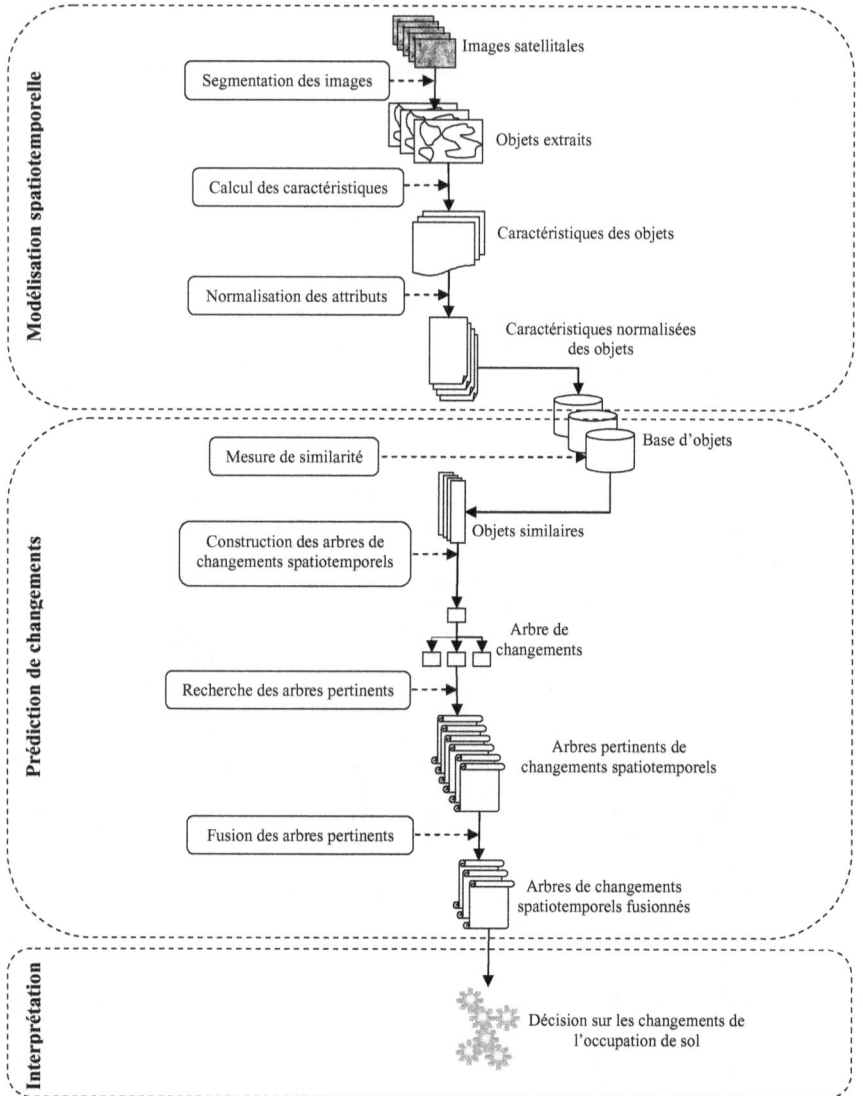

Figure 4.1 — Architecture de l'approche proposée.

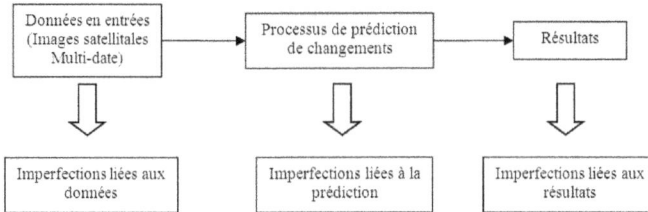

Figure 4.2 — Niveaux de gestion des données imparfaites.

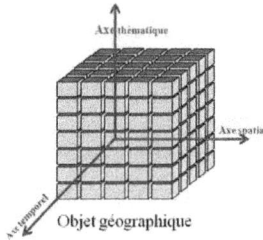

Figure 4.3 — Axes d'évolution d'un objet géographique.

les relations spatiotemporelles entre ces objets, et enfin l'évolution spatiotemporelle de ces objets.

La méthode de modélisation proposée inclue trois étapes : 1) l'identification des objets contenus dans une image ou une série d'images, 2) le calcul des caractéristiques des objets identifiés et, 3) la sauvegarde de la dynamique des objets.

Ce processus est utilisé selon deux modes : hors-ligne et en-ligne. Le but du mode hors-ligne est de construire une base de connaissances qui sert comme référence pour le mode en-ligne. Le mode hors-ligne renferme les trois étapes de la modélisation alors que le mode en ligne n'inclue que les deux premières étapes.

La Figure 4.4 illustre les étapes de la phase de modélisation spatiotemporelle des images satellitales.

Dans ce qui suit, nous allons détailler les trois étapes de la phase de modélisation spatiotemporelle des images satellitales.

4.3.1 Première étape : Identification des objets

Le but de cette étape est de déterminer les objets intéressants à partir d'une image ou d'une série d'images. La notion d'"'intéressant" varie en fonction du but à atteindre et de l'état de l'interprétation [56]. L'étape d'identification des objets permet de passer du niveau pixel à un niveau plus haut qui est le niveau objet. Ceci provoque souvent

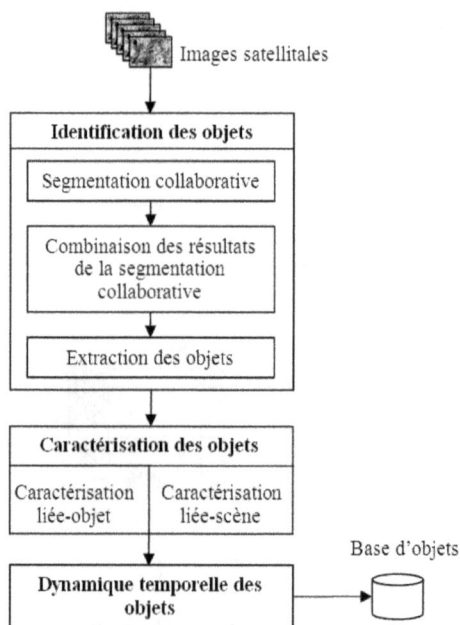

Figure 4.4 — Modélisation spatiotemporelle des images satellitales.

une perte d'information. Ainsi, afin de garantir une bonne prédiction des changements spatiotemporels de l'occupation du sol, il faut minimiser les imperfections provoquées lors du passage du niveau pixel au niveau objet.

Pour ceci, nous proposons de suivre trois étapes pour l'identification des objets : la segmentation collaborative, la combinaison des résultats de la segmentation collaborative et l'extraction des objets.

4.3.1.1 Segmentation collaborative

Le but de la segmentation est de partitionner l'image en objets qui sont appelés aussi des segments, des régions, des clusters ou des classes. Comme exemples d'objets identifiés à partir des images satellitales, nous citons : les zones urbaines, la végétation, les forêts, le sol nu, la mer, etc. Ces objets peuvent avoir des propriétés communes telles que : l'intensité, la couleur, la texture, etc.

Les méthodes de segmentation d'images peuvent être groupées essentiellement en cinq familles : les méthodes de partitionnement (tels que k-means, k-medoids, PAM et CLARA), les méthodes hiérarchiques (tels que CURE, CACTUS et BIRCH), les méthodes basées sur la densité (tels que DBSCAN, OPTICS et DENCLUE), les méthodes de grilles (tels que STING, CLIQUE et ISODATA) et les méthodes à modèles (tels que COBWEB, SOM et EM). L'un des défis majeurs de ces méthodes est d'obtenir des images segmentées qui sont fidèles à la réalité. Chacune de ces méthodes de segmentation diffère par ses paramètres, son cadre de travail et son action tout en s'appropriant à des types particuliers d'images satellitales. Pour plus d'informations sur ces méthodes, voir l'annexe A.

Dans notre approche, nous avons utilisé une segmentation collaborative combinant plusieurs méthodes de segmentation. Le but étant de bénéficier de la complémentarité entre ces méthodes [28].

L'approche proposée offre à l'utilisateur la possibilité de choisir les méthodes de segmentation dont il veut intégrer dans le processus de segmentation collaborative. A chacune des méthodes de segmentation choisies, l'utilisateur peut affecter un degré de confiance. Ces degrés influenceront le processus de combinaison des résultats de la segmentation en augmentant la confiance de l'utilisateur pour des méthodes de segmentation données. Dans le cas contraire, une équiprobabilité est affectée pour les méthodes choisies.

Les méthodes de segmentation génèrent, généralement, des images segmentées qui sont différentes les unes des autres. Une étape de mise en correspondance est, ensuite, exécutée. Le but de cette étape est de faire une correspondance entre les classes des différentes images segmentées. En effet, une même classe (par exemple : classe urbaine) peut avoir différents labels d'une image segmentée à une autre. Ainsi, il faut uniformiser ces labels pour toutes les images segmentées afin de pouvoir procéder à l'étape suivante qui est la combinaison des résultats de la segmentation d'images.

4.3.1.2 Combinaison des résultats de la segmentation collaborative

Pour combiner les résultats issus de la segmentation collaborative, nous proposons d'utiliser la fusion de données [59] [58].

Les méthodes de fusion permettent l'amélioration du taux de classification des images. Elle est réalisée en suivant trois étapes : une première étape d'apprentissage basée sur l'extraction des connaissances par des experts, une deuxième étape dédiée pour le raisonnement à base de cas pour la sélection de la méthode de fusion la plus appropriée, et finalement une troisième étape de fusion des résultats de la segmentation collaborative.

4.3.1.3 Extraction des objets

L'extraction des objets a pour but de déterminer les objets les plus signifiants dans une image satellitale. Ces objets vont servir pour l'étape de la caractérisation des objets. Deux critères ont été fixés pour l'extraction des objets : le seuil minimum et la connectivité. Le seuil minimum détermine le nombre minimum de pixels que peut contenir un objet. La connectivité détermine le nombre de pixels qui entourent un pixel donné.

4.3.2 Deuxième étape : Caractérisation des objets

La caractérisation des objets permet de décrire les caractéristiques de chaque objet ainsi que ses relations spatiales avec ses voisines. Le but de cette étape est de représenter les objets extraits à partir des images afin d'éviter le recours continu aux images.

Pour la modélisation des images satellitales, nous avons utilisé deux catégories de caractérisation : une caractérisation liée-objet et une caractérisation liée-image. La première décrit les caractéristiques intrinsèques de l'objet et la deuxième décrit les relations spatiales des objets et le contexte d'acquisition de ces images [30]. Chaque catégorie renferme un certain nombre de descripteur. A chaque descripteur est associé un ensemble d'attributs.

4.3.2.1 Caractérisation liée-objet

Pour cette catégorie de caractérisation, nous avons fixé trois types de descripteurs : radiométriques, texturaux et géométriques [30].

1. **Descripteurs radiométriques** : la radiométrie d'un objet sémantique dans une image prise par un capteur dépend essentiellement de la composition de l'objet en matériaux. Les attributs radiométriques que nous avons considérés dans notre travail sont : la moyenne radiométrique, l'écart type, la granularité et le kurtosis.

2. **Descripteurs texturaux** : la description texturale révèle les attributs macroscopiques des objets dans une image. Elle peut être utilisée pour différencier entre deux régions qui ont un équilibre de couleur. Les attributs texturaux que nous avons considérées dans notre travail sont : les attributs de Haralick et de Gabor.

3. **Descripteurs géométriques** : la description géométrique d'un objet est définie comme la géométrie de l'ensemble des sous-objets qui le composent. Les sous-objets sont reliés entre eux par des opérateurs de localisation. Les attributs géométriques que nous avons considéré dans notre travail sont : la longueur, la largeur, l'aire et le périmètre. Pour la détermination des valeurs de la longueur et la largeur, nous utilisons le Rectangle Englobant Minimum (REM).

4.3.2.2 Caractérisation liée-image

Pour cette catégorie de caractérisation, nous avons fixé deux types de descripteurs : des descripteurs des relations spatiales et des descripteurs du contexte d'acquisition.

1. **Descripteurs des relations spatiales** : la description spatiale désigne l'ensemble des relations spatiales d'un objet avec les autres objets dans une séquence d'images. Dans notre travail, nous avons choisi de considérer deux sous-types de descripteurs : les descripteurs des relations directionnelles et les descripteurs des relations métriques [53].

- Descripteurs des relations directionnelles : ils décrivent l'ordre et la position des objets par rapport aux autres objets de la même séquence d'images. Les directions sont exprimées en utilisant des valeurs numériques spécifiant les degrés (0°, 45°, etc.).
- Descripteurs des relations métriques : ils expriment les distances et les proximités entre les objets d'une même séquence d'images. La distance entre deux objets est déterminée par la distance Euclidienne qui sépare leurs centres.

2. **Descripteurs du contexte d'acquisition** : le contexte d'acquisition permet de décrire les conditions d'acquisition et de traitement, l'environnement et les circonstances lors de l'analyse des images satellitales. Les descripteurs du contexte d'acquisition considérés dans notre travail sont divisés en trois catégories : des descripteurs liés à l'image tels que la résolution, le nom, etc., des descripteurs liés aux capteurs tels que le type, l'intervalle spectral, le dégrée de confiance, etc. et des descripteurs liés aux conditions atmosphériques tels que la température, la pression, l'humidité, etc.

4.3.2.3 Normalisation des attributs

Les objets extraits sont décrits par des vecteurs d'attributs. Chaque attribut possède des valeurs qui doivent être normalisées afin de construire une fourchette identique des valeurs de ces attributs.

La normalisation prend en considération le nombre d'attributs correspondant à chaque type de descripteurs. L'équation 4.1 décrit la fonction de normalisation des attributs :

$$A_i = \frac{A_i - A_{min}}{A_{max} - A_{min}} \tag{4.1}$$

Où
$A_{max} = max_{1 \leq i \leq N}(A_i)$, $A_{min} = min_{1 \leq i \leq N}(A_i)$ et A_i désigne l'attribut i relative à un descripteur donné.

4.3.3 Troisième étape : Sauvegarde de la dynamique des objets

Une approche modélisatrice des changements spatiotemporels doit sauvegarder l'historique des changements et identifier les facteurs qui causent ces changements. Les valeurs des attributs des descripteurs d'objets extraits à partir d'une séquence d'images évoluent au cours du temps comme l'illustre la Figure 4.5. Donc suivre la dynamique de ces objets revient à suivre le changement des valeurs des attributs de leurs descripteurs.

Dans notre travail, nous appelons l'**état** d'un objet O_r l'ensemble des valeurs d'attributs de cet objet à une date donnée (équation 4.2).Un objet sera représenté alors par un ensemble d'états. Chaque état représente l'objet à une date donnée. Par exemple, pour l'équation 4.3, l'état $S_r(t_{r1})$ représente l'objet O_r à la date t_{r_1}, alors que l'état $S_r(t_{r2})$ représente l'objet O_r à la date t_{r_2} [31].

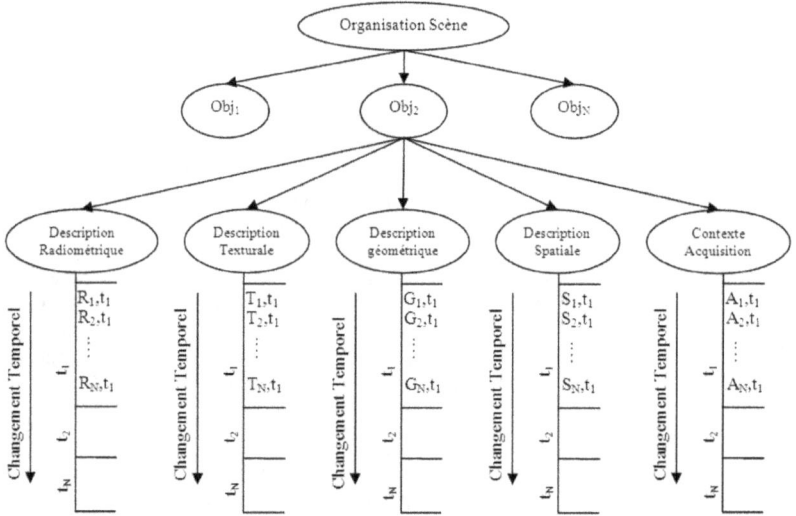

Figure 4.5 — Dynamique des objets dans une séquence d'images satellitales.

$$S_r(t_{r_i}) = \begin{pmatrix} A_1 \\ A_2 \\ \vdots \\ A_N \end{pmatrix} \quad (4.2)$$

$$O_r = \begin{pmatrix} t_{r1} \begin{pmatrix} A_1 \\ A_2 \\ \vdots \\ A_N \end{pmatrix} = S_r(t_{r1}) \\ t_{r2} \begin{pmatrix} A_1 \\ A_2 \\ \vdots \\ A_N \end{pmatrix} = S_r(t_{r2}) \\ \vdots \\ t_{rn} \begin{pmatrix} A_1 \\ A_2 \\ \vdots \\ A_N \end{pmatrix} = S_r(t_{rn}) \end{pmatrix} \quad (4.3)$$

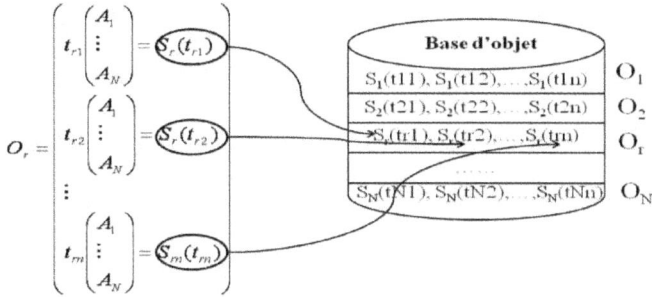

Figure 4.6 — Base d'objets.

Les changements liés aux objets d'une séquence d'images sont sauvegardés dans une base que nous appelons base d'objets. Cette base est construite lors du mode hors-ligne de la phase de modélisation. Chaque objet de la base est représenté par l'ensemble de ses états comme le montre la Figure 4.6). Ces états sont obtenus en appliquant les deux premières étapes de modélisation, à savoir l'identification et la caractérisation des objets, sur une séquence d'images prises pour la même région à des dates différentes.

4.4 Deuxième phase : Prédiction des changements

La prédiction des changements est réalisée en suivant un processus formé par quatre étapes : la mesure de similarité, la construction des arbres de changements spatiotemporels, la recherche et la fusion des arbres pertinents. Ce processus est décrit par la Figure 4.7.

La première étape consiste à trouver les objets qui sont similaires à l'objet requête. Pour les objets trouvés, nous construisons leurs arbres de changements spatiotemporels. Les arbres construits ne sont pas tous pertinents. Pour cela, nous procédons, dans une troisième étape, à une recherche des arbres pertinents. L'étape finale consiste à fusionner les arbres pertinents afin de générer un arbre plus complet qui décrit les changements spatiotemporels de l'objet requête.
Dans ce qui suit, nous allons détailler chacune des étapes du processus proposé pour la prédiction des changements.

4.4.1 Mesure de similarité

Le but de cette étape est de classifier les objets de la base selon leurs degrés de similarité avec l'objet requête. La mesure de similarité est faite entre un état représentant

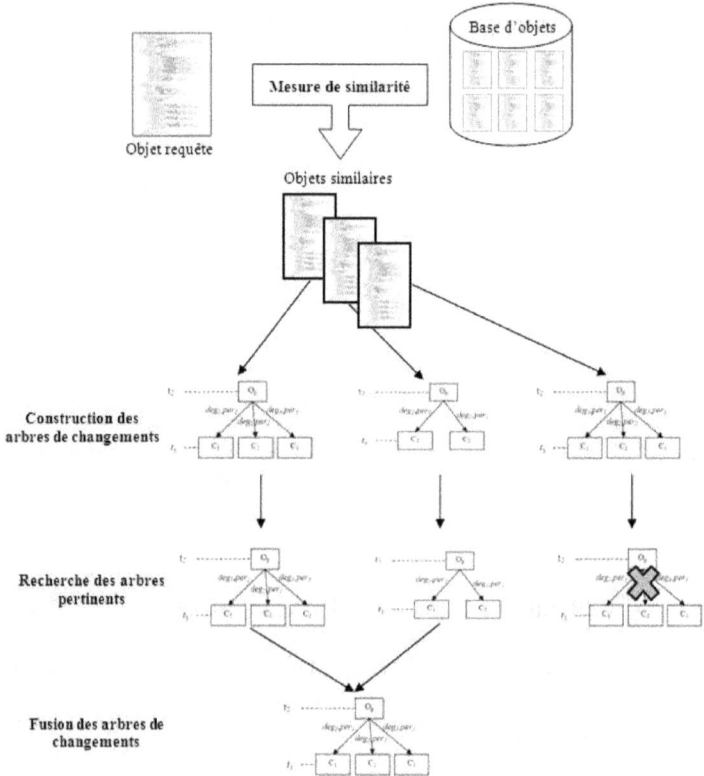

Figure 4.7 — Processus de prédiction des changements.

l'objet requête à la date t et tous les états des objets dans la base.

Considérons deux objets O_q et O_p représentant respectivement l'objet requête et un objet similaire trouvé. $S_q(t)$ et $S_p(t_1)$ sont deux états issus respectivement de O_q à la date t et O_p à la date t_1 :

$$S_q(t) = \begin{pmatrix} A_1 \\ A_2 \\ \vdots \\ A_N \end{pmatrix}, S_p(t_1) = \begin{pmatrix} A'_1 \\ A'_2 \\ \vdots \\ A'_N \end{pmatrix} \qquad (4.4)$$

Pour améliorer les performances de la recherche par similarité, nous avons divisé la recherche en deux étapes :

- Une recherche selon les caractéristiques liées-objet : cette recherche vise à trouver les objets similaires en ne considérant que les caractéristiques liées-objet décrits par les descripteurs radiométriques, texturaux et géométriques. Cette recherche permet de réduire l'ensemble des objets à comparer dans l'étape suivante.

- Une recherche selon les caractéristiques liées-image : cette recherche vise de trouver les objets similaires en considérant les caractéristiques liées-image décrits par les descripteurs liés aux relations spatiales et au contexte d'acquisition.

L'avantage principal de la décomposition de la recherche par similarité en deux étapes est la réduction du coût du traitement [59].

La recherche commence par trouver un ensemble préliminaire d'objets tout en minimisant la distance de cosinus entre l'état requête et les états de la base. Ceci est réalisé en considérant, dans un premier temps, les caractéristiques liées-objet et les caractéristiques liées-image dans un second temps [27] [28].

La mesure de cosinus est définie comme suit [123] :

$$d(S_q(t), S_p(t_1)) = cos(S_q(t), S_p(t_1)) = \frac{\sum_{i=1}^{N} A_i \times A_i'}{\sqrt{\sum_{i=1}^{N} (A_i)^2} \times \sqrt{\sum_{i=1}^{N} (A_i')^2}} \quad (4.5)$$

Notre recherche est basée sur deux types de mesures de similarité :

- Le premier type tient compte de la composante temporelle lors de la recherche des objets similaires dans la base. L'objectif ici est de trouver les objets ayant un changement à une date donnée. Pour ceci, nous calculons la différence entre la date de l'objet requête et la date voulue. Ensuite, nous cherchons les objets similaires ayant un changement après cette différence de dates. Dans le cas où il n'y a pas d'objets satisfaisant cette condition, notre recherche fournit tous les états possibles classifiés selon leur degré de similarité à l'objet requête.

- Le deuxième type permet la recherche des objets similaires sans tenir compte de la composante temporelle. L'objectif ici est d'estimer les changements de l'objet requête tout en considérant les changements des objets similaires trouvés.

Afin de diminuer les taux d'absence et de fausse détection, nous proposons d'augmenter le seuil de similarité. Ceci permet d'obtenir un nombre plus important d'objets similaires qui peut être raffiné dans les étapes suivantes.

4.4.2 Construction des arbres de changements spatiotemporels

Un arbre de changements spatiotemporels d'un objet O_p (Fig. 4.8) a pour rôle de décrire les changements de cet objet au cours du temps. Pour chaque changement, nous associons un pourcentage de changements (*per*) et un degré de confiance à ces changements (*deg*). Prenons un objet O_q à la date t qui est similaire à un objet O_p à la date t_a. Ici, l'objet requête est composé par un seul état représentant la date t, alors que

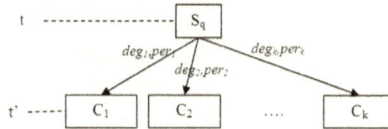

Figure 4.8 — Arbre de changements spatiotemporels pour l'état S_q de l'objet O_p entre les dates t et t'.

l'objet O_p est composé par η états $S_p(t_1)$, ..., $S_p(t_a)$, ..., $S_p(t_b)$, ..., $S_p(t_\eta)$ représentant respectivement l'objet O_p aux dates t_1, ..., t_a, ..., t_b , ..., t_η (équation 4.6).

$$O_q = S_q(t) = \begin{pmatrix} A_1 \\ A_2 \\ \vdots \\ A_N \end{pmatrix}, O_p = \begin{pmatrix} t_1 \begin{pmatrix} A'_1 \\ A'_2 \\ \vdots \\ A'_N \end{pmatrix} = S_p(t_1) \\ \vdots \\ t_a \begin{pmatrix} A'_1 \\ A'_2 \\ \vdots \\ A'_N \end{pmatrix} = S_p(t_a) \\ \vdots \\ t_b \begin{pmatrix} A'_1 \\ A'_2 \\ \vdots \\ A'_N \end{pmatrix} = S_p(t_b) \\ \vdots \\ t_\eta \begin{pmatrix} A_1 \\ A_2 \\ \vdots \\ A_N \end{pmatrix} = S_p(t_\eta) \end{pmatrix} \quad (4.6)$$

Pour ce qui suit, nous allons expliquer le processus de calcul des dégrés de confiance et du pourcentage de changements de l'objet O_p entre les deux dates t_a et t_b.

L'arbre spatiotemporel décrivant les changements de l'objet O_p entre les dates t_a et t_b est représenté par la Figure 4.9. Dans cet exemple, nous supposons que l'objet O_p évolue vers les types d'occupations C_1, C_2, ..., C_k entre les dates t_a et t_b. per_1, per_2, ..., per_k sont respectivement les pourcentages de changements de l'objet O_p aux types d'occupation du sol C_1, C_2, ..., C_k entre les dates t_a et t_b. deg_1, deg_2, ..., deg_k représentent les degrés de confiance pour ces changements.

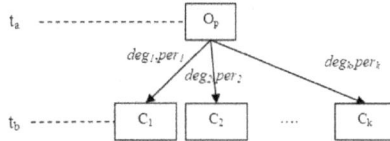

Figure 4.9 — Arbre de changements spatiotemporels de l'objet O_p entre deux dates t_a et t_b.

4.4.2.1 Degré de confiance

1. **Choix méthodologique** : selon l'étude comparative faite dans le chapitre 3 sur les modèles de prédiction de changements en imagerie satellitale, nous remarquons que la mise en place d'une approche fiable de prédiction de changements nécessite l'utilisation d'un raisonnement basé sur les systèmes experts.

   C'est pourquoi, nous avons utilisé l'une des méthodes des systèmes experts qui est la méthode des arbres de décision flous [30]. Le choix de cette méthode est justifiée par le fait que les arbres de décision flous profitent à la fois des avantages de la logique floue et des arbres de décision. Parmi ces avantages, nous citons :
   - Les arbres de décision permettent de générer des règles qui sont claires, explicites et faciles à comprendre. Ils permettent aussi un traitement robuste et rapide de grands volumes de données.
   - La logique floue permet d'améliorer le raisonnement sur les changements tout en tenant compte des différents types d'imperfection qui accompagnent les différentes phases d'extraction de connaissances.

2. **Calcul du degré de confiance** : le calcul du degré de confiance est fait par une classification floue basée sur les arbres de décision flous.

   L'algorithme utilisé pour la classification floue est ID3 flou (FID3) [109]. L'objectif de cet algorithme est de déterminer l'appartenance d'un état donné aux différents types d'occupation du sol.

   Notons par D l'ensemble des états d'apprentissage ayant la forme suivante : $S_p = \begin{pmatrix} A_1' \\ A_2' \\ \vdots \\ A_N' \end{pmatrix}$ $(1 \leq p \leq n)$. Les attributs $A_i'(1 \leq i \leq N)$ sont caractérisés par un ensemble flou μ_ν ($\nu \in V$; V est un ensemble flou défini pour l'attribut A_i'). μ_ν désigne la fonction d'appartenance de l'ensemble flou ν, $\nu \in V$. $\mu_\nu(x)$ désigne le degré d'appartenance de la valeur x à l'ensemble flou ν. Le support U_ν d'un ensemble flou ν représente un sous-ensemble de U tel que $U_\nu = \{u | \mu_\nu(u) > 0$ et $u \in U\}$.

   Soit C_r $(1 \leq r \leq k)$ un ensemble formé par des types d'occupation du sol. C_r est défini comme un ensemble flou dans l'univers des types d'occupation du sol. La fonction $deg_r(S_p)$ spécifie le degré d'appartenance d'un état S_p à C_r.

Pour calculer le degré d'appartenance, nous utilisons l'algorithme proposé par [37]. Les étapes du calcul des degrés d'appartenances sont illustrées dans l'Algorithme 1. L'algorithme k-means [74] est appliqué pour regrouper les valeurs de l'attribut A_i' des états d'apprentissage en k regroupements. m_1, m_2, ..., m_k sont les centres de k regroupements. Ces centres de regroupements sont utilisés comme centres des ensembles flous et ceci afin de construire les fonctions d'appartenance des ensembles flous.

Après le calcul des degrés d'appartenances, l'algorithme FID3 suit les trois étapes

---

Algorithme 1 Calcul des degrés d'appartenances

1: Construire μ_{ν_1} correspondant au centre du premier regroupement, où U_{min} désigne la valeur minimale de l'univers de discours de l'attribut A_i', m_1 désigne le centre du premier regroupement, et m_2 désigne le centre du second regroupement.
$$\mu_{\nu_1}(x) = \begin{cases} 1 - \frac{x-m_1}{U_{min}-m_1} \times 0.5, & Si\ U_{min} \leq x \leq m_1 \\ 1 - \frac{x-m_1}{m_2-m_1}, & Si\ m_1 \leq x \leq m_2 \\ 0, & Sinon \end{cases}$$

2: Construire μ_{ν_k} correspondant au centre du dernier groupement, où U_{max} désigne la valeur maximale de l'univers du discours de l'attribut A_k', m_k désigne le centre du k^{ieme} regroupement, et m_{k-1} désigne le centre du regroupement qui précède m_k.
$$\mu_{\nu_k}(x) = \begin{cases} 1 - \frac{x-m_k}{m_{k-1}-m_k}, & Si\ m_{k-1} \leq x \leq m_k \\ 1 - \frac{x-m_k}{U_{max}-m_k} \times 0.5, & Si\ m_k \leq x \leq U_{max} \\ 0, & Sinon \end{cases}$$

3: Construire μ_{ν_i} correspondant au centre du i^{ieme} groupement, où i est différent du centre du premier et dernier regroupement, m_i désigne le centre du i^{ieme} regroupement, et m_{i-1} désigne le centre du regroupement qui précède m_i, et m_{i+1} désigne le centre du regroupement qui succède m_i.
$$\mu_{\nu_i}(x) = \begin{cases} 1 - \frac{x-m_i}{m_{i-1}-m_i}, & Si\ m_{i-1} \leq x \leq m_i \\ 1 - \frac{x-m_i}{m_{i+1}-m_i}, & Si\ m_i \leq x \leq m_{i+1} \\ 0, & Sinon \end{cases}$$

---

résumés dans l'algorithme *ID3 Flou* [37].

Les deux seuils θ_1 et θ_2 ont une grande influence sur les résultats de l'arbre de décision flou. Dans l'étape 3 :(a) de l'algorithme *ID3 Flou*, le gain d'information flou est utilisé pour choisir l'attribut de test pour chaque nœud de l'arbre. *GIF* permet de minimiser l'information nécessaire pour partitionner les attributs A_i' ($1 \leq i \leq n$) avec le minimum d'impureté pour les partitions obtenues.

GIF pour un attribut A_i' tout en respectant D est défini comme suit [37] :

$$GIF(D, A_i') = \sum_{r=1}^{k} (\frac{n_{C_r}}{n} log_2 \frac{n_{C_r}}{n}) - \sum_{\nu \in V} (\frac{\Lambda_\nu}{\Lambda} EF(\nu)) \qquad (4.7)$$

Où

n représente le nombre des états contenus dans D.

Algorithme 2 ID3 Flou

1: Créer un nœud racine ayant un ensemble flou de tous les attributs avec une appartenance égale à 1

2: Un nœud est considéré comme feuille et un nom de classe lui est assigné dans les trois cas suivants :

   (a) La proportion de l'ensemble de données d'un type d'occupation du sol est supérieure à un seuil θ_1 ($\frac{n_{C_r}}{n} \geq \theta_1$) ($n$ représente le nombre d'états contenus dans D et n_{C_r} représente le nombre d'états contenus dans D et ayant une évolution au type d'occupation du sol C_r)

   (b) La taille de données est inférieure à un seuil donné θ_2 ($n \leq \theta_2$)

   (c) Il n'ya pas d'attributs à classifier

3: Dans le cas du nœud non feuille :

   (a) Choisir l'attribut A'_{max} dans D qui maximise le gain d'information flou (*GIF*)

   (b) Diviser D en des sous ensembles flous $D_1, \ldots, D_m$ en se basant sur A'_{max}. La valeur d'appartenance de chaque état dans D_j (*j=1,...,m*) est égale au produit du degré d'appartenance in D avec la valeur de μ_ν de A'_{max} dans D

   (c) Générer des nouveaux nœuds pour les sous ensemble flous $D_1, \ldots, D_m$ et connecter le nœud parent avec le nœud fils tout en mettant comme label μ_ν

   (d) Remplacer D par D_j (*j=1,...,m*) et répéter récursivement à partir de 2

---

n_{C_r} représente le nombre des états contenus dans D et ayant une évolution au type d'occupation du sol C_r.

Λ représente la somme des degrés d'appartenance de la valeur de l'attribut A'_i pour l'ensemble D des états d'apprentissage appartenant à chaque ensemble flou de l'attribut A'_i.

Λ_ν représente la somme des degrés d'appartenance des valeurs de l'attribut A'_i pour l'ensemble D des états d'apprentissage appartenant à chaque ensemble flou μ_{im} de l'attribut A'_i.

$EF(\mu_\nu)$ décrit l'entropie floue d'un ensemble d'instances d'apprentissage pour lesquelles les valeurs de A'_i appartiennent au support U_m de l'ensemble flou μ_ν de l'attribut A'_i (équation 4.13).

$$EF(\mu_\nu) = -\sum_{r=1}^{k} CD_{C_r}(\mu_\nu)log_2CD_{C_r}(\mu_\nu) \qquad (4.8)$$

Où

CD_{C_r} représente le degré d'appartenance des sous ensembles d'états d'apprentissage appartenant au type d'occupation du sol C_r pour lesquelles les valeurs de l'attribut appartiennent au support U_ν de l'ensemble flou μ_ν de l'attribut A'_i(équation

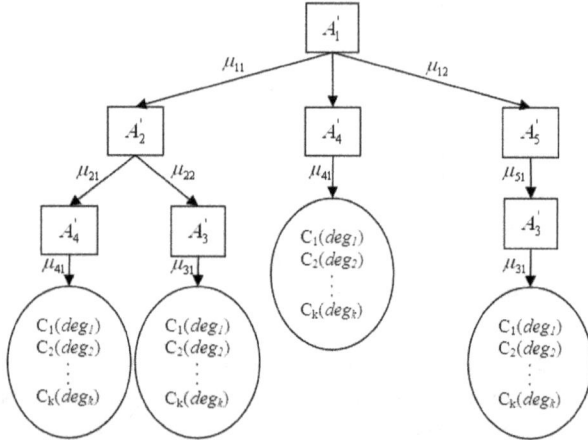

Figure 4.10 — Classification floue avec FID3.

4.14).

$$CD_{C_R}(\mu_\nu) = \frac{\sum_{x \in X_{C_r}} \mu_\nu(x)}{\sum_{x \in X} \mu_\nu(x)} \tag{4.9}$$

Où X représente l'ensemble des valeurs de l'attribut A_i' du sous ensemble D_ν d'états d'apprentissage ($x \subset U_\nu$).

X_{C_r} représente l'ensemble des valeurs de l'attribut A_i' du sous ensemble D_ν d'états d'apprentissage appartenant au type d'occupation du sol C_r.

$\mu_\nu(x)$ ($0 \leq \mu_\nu(x) \leq 1$) représente le degré d'appartenance de la valeur x appartenant à l'ensemble flou ν.

La fonction $deg_r(S_p)$ spécifie le degré d'appartenance d'un état S_p à un type d'occupation du sol C_r. $deg_r(S_p)$ est défini comme suit [84] :

$$deg_r(S_p) = \sum_{l=1}^{L} p_r^l (\prod_{Q_l} \mu_\nu(x)) \tag{4.10}$$

Où p_r^l est la fréquence relative à une classe C_r pour l^{ieme} nœud feuille ($p_r^l = \frac{n_{C_r}}{n}$ où D est le nœud feuille l). Q_l est l'ensemble de branches à partir de la racine jusqu'au le l^{ieme} nœud feuille.

Dans l'approche proposée, le flou est incorporé à l'entrée et la sortie de l'arbre et au niveau des nœuds. La Figure 4.10 décrit la classification floue d'un objet aux différents types d'occupation du sol. Un chemin depuis le nœud racine à un nœud feuille représente une règle de classification floue. Plusieurs chemins peuvent

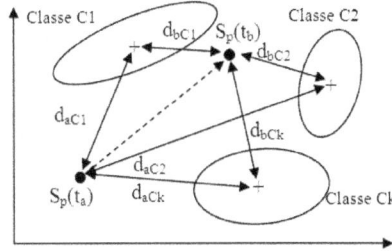

Figure 4.11 — Processus de calcul des pourcentages de changements.

être suivis pour classifier un objet. La Figure 4.10 montre aussi que chaque chemin génère une appartenance floue de l'objet aux différents types d'occupation du sol. Ceci est important puisqu'il permet de considérer toutes les appartenances de l'objet et ainsi de réduire l'imperfection liée au processus de prédiction des changements.

Les règles générées par FID3 sont de la forme suivante :

SI A'_1 est μ_{11} ET A'_2 est μ_{21} ET ... A'_N est μ_{N1} ALORS C_1 avec deg_1 ET C_2 avec deg_2 ET ... ET C_k avec deg_k

4.4.2.2 Pourcentage de changements

Supposons qu'à la date t_b nous avons k types d'occupation du sol pour lesquelles $S_p(t_a)$ évolue. Ces occupations sont : C_1, C_2, ..., C_k avec respectivement les degrés d'appartenance suivantes : deg_1, deg_2, ..., deg_k.

Pour calculer les pourcentages de changements de $S_p(t_a)$ pour ces types d'occupation du sol, nous suivons deux étapes [30] :

- Les distances entre les deux états $S_p(t_a)$ et $S_p(t_b)$, et les centroïdes des classes C_1, C_2, ..., C_k sont calculées. La distance est calculée comme suit :

$$d_{hj} = \frac{\sum_{i=1}^{N} |A_{ih} - A'_{ij}|}{N} \qquad (4.11)$$

Où $A_{ih}(1 \leq i \leq N$ et $h \in \{a,b\})$ sont les attributs de l'état $S_p(t_h)$ et A'_{ij} $(1 \leq i \leq N$ et $j \in \{C_1, C_2, ..., C_k\})$ sont les attributs du centroïde des classes C_j. La Figure 4.11 décrit le processus de calcul des pourcentages de changements de l'objet O_p entre les deux dates t_a et t_b pour les types d'occupation du sol : C_1, C_2, ..., C_k. d_{aC1}, d_{aC2}, ..., d_{aCk} sont respectivement les distances entre l'état $S_p(t_a)$ du modèle O_p à la date t_a et les types d'occupation du sol : C_1, C_2, ..., C_k. Alors que d_{bC1}, d_{bC2}, ..., d_{bCk} sont respectivement les distances l'état $S_p(t_b)$ de l'objet O_p à la date t_b et les types d'occupation du sol : C_1, C_2, ..., C_k.

- La différence entre d_{aj} et d_{bj} $(j \in \{C_1, C_2, ..., C_k\})$ est calculée. L'objectif est de déterminer s'il y a un changement entre les deux états $S_p(t_a)$ et $S_p(t_b)$ pour chaque type d'occupation du sol. Dans le cas où nous avons une distance négative, le pourcentage de changements est mis à zéro pour ce type d'occupation du sol. Autrement, toutes les distances positives sont considérées et normalisées. Par exemple, si la différence entre les deux distances pour les instants t_a et t_b est égale à 0.2, 0.3 et -0.1 respectivement pour les types d'occupation du sol C_1, C_2 et C_3. Nous considérons uniquement les valeurs 0.2 et 0.3; après normalisation, nous obtenons 40% comme pourcentage de changements pour la classe C_1 et 60% pour la classe C_2.

Une fois les degrés de changements de l'objet O_p entre les deux instants t_a et t_b aux différents types d'occupation du sol et les confiances pour ces degrés sont calculés, nous pouvons conclure que l'objet O_q qui est similaire à l'objet O_p (ici O_p contient l'état $S_p(t_a)$ qui le plus similaire à l'état S_q) aura les mêmes changements avec un certain degré de confiance. La Figure 4.8 présente l'arbre des changements spatiotemporels de l'objet O_q entre la date t et t' (avec $t' = t + (t_b - t_a)$). Cet arbre peut être transformé en une règle décrivant les changements de l'objet O_q comme suit :

R1 : SI *similar* $(S_q,t,S_p(t_a),t_a)$ ALORS *change*(S_q,C_1,t',per_1,deg_1) ET *change*(S_q,C_2,t',per_2,deg_2) ET ... ET *change*(S_q,C_k,t',per_k,deg_k) (*conf*).

Où

similar montre que l'état requête S_q à l'instant t est similaire à l'état $S_p(t_a)$ à l'instant t_a.

conf est la confiance que nous accordons à la règle R1. *conf* = 1-d$(S_q,S_p(t_a))$; (*d* est la distance décrite par l'équation (4.5)).

t' =$t+(t_b-t_a)$.

per_1, per_2, ..., per_k sont respectivement les pourcentages de changements de l'état S_q aux types d'occupation du sol C_1, C_2, ..., C_k.

deg_1, deg_2, ..., deg_k sont respectivement les degrés de confiance pour per_1, per_2, ..., per_k.

4.4.3 Recherche des arbres de changements spatiotemporels pertinents

4.4.3.1 Choix méthodologique

Dans notre travail, nous avons choisi d'augmenter le seuil de la mesure de similarité. L'objectif est de trouver un maximum d'objets pouvant être similaires à l'objet requête. Les arbres spatiotemporels construits pour les objets trouvés après la mesure de similarité ne sont pas tous pertinents et n'ont pas tous la même importante pour l'utilisateur. L'automatisation du processus de recherche des arbres pertinents est alors nécessaire pour aider les utilisateurs à l'interprétation de ces arbres et à la prise de décision.

Pour ce faire, il faudra résoudre les problèmes suivants :

- Le volume important des arbres spatiotemporels générés après l'étape de construction des arbres de changements spatiotemporels doit être analysé automatiquement afin d'aider l'utilisateur dans la tâche d'identification des arbres pertinents.

– Les arbres retenus doivent répondre aux attentes des utilisateurs pour être considérés comme pertinents. D'autre part, ces arbres doivent être statistiquement cohérents et avoir une structure correcte.

Pour la tâche d'automatisation du processus de recherche des arbres spatiotemporels pertinents, nous avons opté pour un Raisonnement à Base des Cas (RBC) [31]. Le choix de ce type de raisonnement est justifié par le fait que :

– Le RBC est une approche de résolution de problèmes basé sur des expériences passées pour résoudre de nouveaux problèmes [35]. Ce type de raisonnement nous paraît adéquat. En effet, nous voulons automatiser le processus d'identification des arbres pertinents dont les informations fournies sont généralement difficiles à formaliser.

– Le RBC permet de simuler le raisonnement humain en intégrant les attentes et les exigences des utilisateurs dans le processus d'identification des arbres pertinents.

– Le RBC est bien recommandé dans les domaines où la formulation des exigences et des croyances humaines est une tâche qui s'avère dure [59].

4.4.3.2 Etapes de raisonnement

Le but de l'étape de recherche des arbres de changements spatiotemporels pertinents est de décider si un arbre est pertinent ou pas. Pour ce faire, un arbre est transformé, d'abord, en une règle qui décrit les changements d'un objet donné. Ensuite, le module de RBC est appliqué à cette règle afin de décider si elle est pertinente ou pas. Enfin, l'arbre correspondant à cette règle est jugé comme pertinent ou pas.

La Figure 4.12 illustre le schéma du raisonnement du module RBC pour la recherche des règles pertinentes.

Le cycle RBC inclut, essentiellement, quatre étapes : 1) la construction des cas, 2) la recherche des cas, 3) l'adaptation des cas et 4) l'ajustement des cas.

Un cas est composé de trois parties : les variables explicatives, les variables à expliquer et la confiance accordée au cas. Les variables explicatives sont des caractéristiques qui sont calculées sur les règles. Ces caractéristiques permettant l'indexation du cas. Les variables à expliquer représentent la décision sur la pertinence des règles.

Un cas de notre base de cas a la forme suivante :

$$Cas_x = \{(Per_{1x}, w_{Per_{1x}}), (Per_{2x}, w_{Per_{2x}}), ..., (Per_{ix}, w_{Per_{ix}}), ..., (Per_{nx}, w_{Per_{nx}}), action, conf\}$$

Où

$Cas_{x=(1...m)}$ est le cas numéro x dans la base de cas.

int_{ix} est la valeur de la mesure d'intérêt i pour le cas x.

$w_{int_{ix}}$ est le poids accordé à int_{ix}.

$action$ est l'action à prendre pour la règle représentée par le cas x ($action$=pertinent ou non pertinent).

$conf$ est la confiance accordée par l'expert au cas x.

Les variables explicatives du $Cas_{x=(1...m)}$ représentent l'ensemble des valeurs des mesures de pertinence int_{ix} ($i = 1, ..., n$) ainsi que le poids accordé pour chaque mesure. La variable à expliquer est l'action à prendre pour la règle représentée par le cas x.

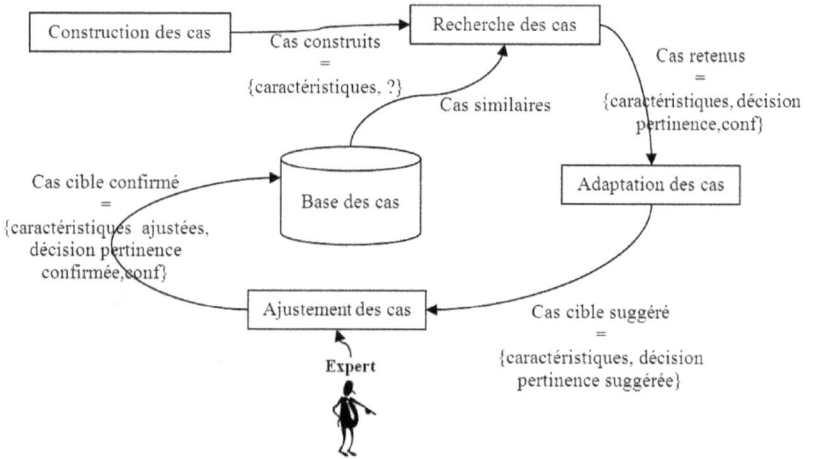

Figure 4.12 — Cycle du raisonnement à base des cas.

L'algorithme RBC décrit les étapes du processus du RBC pour la recherche des règles pertinentes. Cet algorithme commence par construire le cas source C_R relatif à la règle R. C_R est composé par les valeurs des différentes mesures d'intérêt calculées pour la règle R et par leurs poids.

La recherche des cas similaires est divisée en deux étapes. La première étape permet de trouver tous les cas similaires en considérant seulement les mesures d'intérêt objectives. La deuxième étape permet de trouver les cas similaires au cas source C_R parmi les cas trouvés lors de la première étape tout en considérant seulement les mesures d'intérêt subjectives. L'avantage principal d'utiliser une recherche des cas en deux étapes est de réduire le temps et l'effort nécessaire pour la recherche.

L'étape finale du processus RBC est l'adaptation des cas et ceci à l'aide d'un ensemble de règles d'adaptation.

4.4.3.3 Construction des cas

Le choix des variables explicatives est important du fait que dans un RBC, un problème est résolu en se référant à des cas anciens. Ces caractéristiques permettent d'identifier les cas. Dans notre travail, un cas correspond à une règle qui décrit les changements spatiotemporels de l'occupation de sol. Le but étant de déterminer si cette règle est pertinente ou pas. Pour ce faire, nous avons utilisé des mesures d'intérêt

---

Algorithme 3 RBC

Entrée: Règle R, Base de cas B

Sortie: *finalsimilar*

%% Construction des Cas

1: Calculer int_{ix} %% int_{ix} est la valeur de mesure d'intérêt i pour la règle R

2: Calculer $w_{int_{ix}}$ %% $w_{int_{ix}}$ est le poids accordé à la mesure d'intérêt i

3: Construire le cas C_R

%% Première étape de recherche

4: firstsimilar $\Leftarrow \{\}$ %% initialiser les premiers cas trouvés au null

5: **Pour tout** C_i **dans** B **faire**

6:   **Si** $d(C_{R_{\backslash obj}}, C_{i_{\backslash obj}}) \leqslant \varepsilon$ **alors**

7:     *firstsimilar* $\Leftarrow firstsimilar \cup \{C_i\}$ %% calculer la distance entre C_R et C_i ;

                                        %%$(C_{R_{\backslash obj}}, C_{i_{\backslash obj}})$ signifie que les mesures

                                        %%d'intérêt considérées sont les mesures

                                        %% objectives au moment où nous

                                        %% calculons la distance entre C_R et C_i

8:   **Fin Si**

9: **Fin Pour**

%% Deuxième étape de recherche

10: *finalsimilar* $\Leftarrow$ *firstsimilar*$\{1\}$ %% initialiser les cas trouvés finaux au cas initial

                                    %% dans *firstsimilar*

11: **Pour tout** C_i **dans** $firstsimilar \backslash firstsimilar\{1\}$ **faire**

12:   **Si** $d(C_{R_{\backslash sub}}, C_{i_{\backslash sub}}) \leq d(C_{R_{\backslash sub}}, finalsimilar_{\backslash sub})$ **alors**

13:     *finalsimilar* $\Leftarrow \{C_i\}$ %% calculer la distance entre C_R et Ci ;

                                     %% $d(C_{R_{\backslash sub}}, C_{i_{\backslash sub}})$ signifie que les mesures d'intérêt

                                     %% considérées sont les mesures subjectives lorsqu'on

                                     %% calcule la distance entre C_R et C_i

14:   **Fin Si**

15: **Fin Pour**

16: Adapter *finalsimilar*

---

qui évaluent la pertinence des règles. Ces mesures sont classifiées selon deux types (voir Annexe B) :

– **Mesures d'intérêt objectives** : permettent de juger la pertinence des règles découvertes selon leurs structures et les données utilisées au cours du processus de découverte. Les mesures d'intérêt objectives utilisées dans notre travail sont : le facteur de certitude (F.C), la mesure de Piatetsky-Shapiro (P.S), la mesure de Smyth et Goodman (J.M), la mesure de Kamber et Shinghal (K.S) et la mesure de Gago et Bento (G.B.I).

– **Mesures d'intérêt subjectives** : évaluent la qualité des règles en les comparant aux exigences des utilisateurs, aux informations sur le domaine et aux exigences sur les données. Les mesures d'intérêt subjectives utilisées dans notre travail sont : l'actionabilité (ACT), la surprise (SU) et la nouveauté (NO).

Notre approche combine les mesures d'intérêt objectives et subjectives afin d'améliorer la capacité de recherche des règles pertinentes [31]. D'autant plus, elle offre la possibilité à l'utilisateur d'affecter des poids différents pour les mesures d'intérêt. Ceci permet de réduire l'influence de quelques mesures au dépend d'autres dans le processus de recherche des cas. L'utilisateur peut, aussi, affecter un poids égal pour toutes les mesures d'intérêt dans le cas contraire.

4.4.3.4 Recherche des cas

Le but de la recherche des cas est de trouver les cas similaires au cas source. La base de cas est alors parcourue pour identifier les cas dont la partie caractéristiques peut être mise en correspondance avec la partie caractéristiques du cas source. Les cas les plus pertinents sont alors retournés. La mesure de similarité utilisée pour la recherche des cas est la distance de cosinus (équation (4.5)).
Afin d'alléger le processus de recherche des cas similaires qui est généralement long, nous avons choisi de diviser la recherche en deux étapes :
  – La première étape permet de rechercher les cas en utilisant uniquement les mesures d'intérêt objectives. Si la similarité entre le cas source et le cas cible est inférieure à un seuil donné, nous conservons le cas cible sinon il n'est pas considéré.
  – La deuxième étape permet d'appliquer une recherche des cas basée sur les mesures d'intérêt subjectives et ce uniquement sur les cas retournés par la première phase.

Cette méthode de recherche a aussi l'avantage de combiner deux mesures d'intérêt différentes pour une meilleure identification des règles pertinentes. Ceci donne souvent de meilleurs résultats dans la recherche des règles pertinentes comparé aux méthodes existantes utilisant un seul type de mesures d'intérêt [31].
A l'issu de la recherche des cas, nous obtenons un ensemble des cas de la forme :
Cas retenus = {[mesures d'intérêt cibles ; poids accordés à ces mesures], [décision sur l'importance de la règle],[*conf* cas cible]}.

4.4.3.5 Adaptation des cas

Le but de l'adaptation des cas est d'améliorer la capacité de résolution des problèmes du RBC en utilisant des cas récemment introduits pour un futur usage [47] [59].
Pour assurer l'adaptation des cas, nous avons choisi d'utiliser des règles de copie. Ce choix est justifié du fait que la partie variables à expliquer est constituée par un seul élément. Cet élément est la décision sur la pertinence des règles (pertinent ou non pertinent).
Les règles de copie permettent de copier l'action du cas similaire pour le cas source.
A l'issu de cette adaptation, nous obtenons un cas de la forme :

Cas cible suggéré = {[mesures d'intérêt sources ; poids accordés à ces mesures], [décision sur l'importance de la règle]}.

4.4.3.6 Ajustement des cas

Notre approche offre à l'utilisateur la possibilité de faire le bilan d'un cas avant sa mémorisation dans la base de cas.

La stratégie d'ajustement par défaut consiste à insérer tout nouveau cas dans la base. Mais l'utilisateur a la possibilité d'altérer les cas en modifiant leurs caractéristiques et la confiance accordée à chaque cas.

A l'issu de cet ajustement, nous obtenons :

Cas cible confirmé = {[mesures d'intérêt source ajustées ; poids accordés à ces mesures ajustés], [décision confirmée sur l'importance de la règle],[$conf$ cas source]}.

4.4.4 Fusion des arbres de changements spatiotemporels

4.4.4.1 Choix méthodologique

Le but de la recherche des arbres de changements spatiotemporels pertinents est d'identifier les arbres de changements pertinents parmi l'ensemble des arbres générés par le processus de construction des arbres. Ces arbres décrivent des changements qui peuvent être parfois incertains, imprécis ou incomplets.

Notre objectif est de combiner les décisions locales décrites par ces arbres afin de fournir une décision globale sur les changements de l'occupation du sol. Ceci est illustré par la Figure 4.13.

Ainsi, la fusion paraît comme une solution qui s'adapte à ce problème. En effet, nous

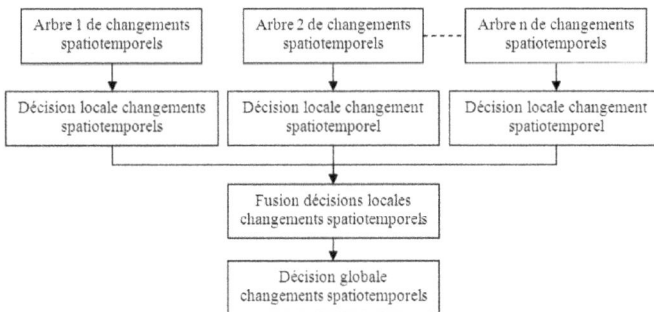

Figure 4.13 — Processus de fusion décisionnelle des changements de l'occupation du sol.

souhaitons utiliser simultanément plusieurs décisions sur les changements de l'occupation de sol afin d'obtenir une nouvelle décision de meilleure qualité. Les situations qui nous ont encouragées à utiliser la fusion sont :

- **La redondance** : il s'agit de la situation où nous avons plusieurs arbres décrivant les mêmes changements de l'occupation du sol mais avec des mesures différentes (pourcentages de changements ou degrés d'appartenance aux différents types d'occupation du sol). La redondance est nécessaire pour sécuriser ou rendre plus robuste notre approche de prédiction de changements.

- **La complémentarité** : il s'agit de la situation où nous avons des arbres décrivant chacun une partie des changements. La fusion de l'ensemble de ces arbres donne alors une vue élargie du changement global.

- **L'hétérogénéité** : il s'agit de la situation où nous avons des arbres décrivant des changements qui ont des caractéristiques différentes des unes aux autres.

- **La contradiction** : il s'agit de la situation où les arbres ont le même espace de décisions sur les changements mais ces arbres fournissent des informations totalement différentes les uns par rapport aux autres.

4.4.4.2 Etapes de raisonnements

Le processus de fusion comporte quatre étapes : 1) la modélisation, 2) l'estimation, 3) la combinaison et 4) la décision.

Prenons pour un objet requête O_q m arbres de changements décrivant les changements de cet objet comme le montre la Figure 4.14.

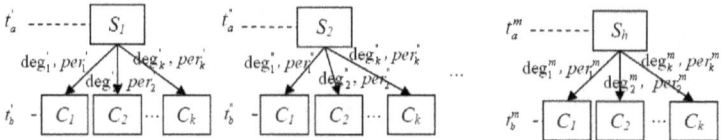

Figure 4.14 — Arbres décrivant les changements de l'objet O_q.

Soit $D = \{C_1, C_2, ..., C_r, ..., C_k\}$ l'espace de décisions possibles et C_r $(1 \leq r \leq k)$ sont les types d'occupation du sol pour lesquels un objet issu d'une image satellitale peut évoluer.

L'objectif du processus de fusion est d'obtenir un arbre spatiotemporel résultant de la fusion m arbres de changements de l'objet requête O_q. Ceci est présenté par la Figure 4.15.

Dans ce qui suit, nous allons détailler le processus de fusion décisionnelle des arbres de changements selon deux théories de fusion qui sont : la théorie de l'évidence et la théorie des possibilités.

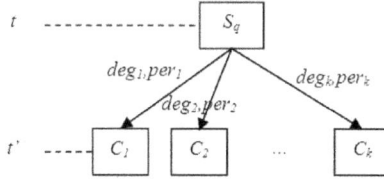

Figure 4.15 — Arbre résultant après la fusion des arbres décrivant les changements de l'objet O_q.

4.4.4.3 Théorie de l'évidence

Afin de combiner les différents arbres spatiotemporels de changements, nous avons utilisé la théorie de l'évidence.

Nous avons intégré un degré de confiance pour chaque arbre de changements spatiotemporels. Ce degré décrit notre confiance dans cet arbre de changements. Il est injecté dans le processus de calcul des masses.

Soit ω_j le degré de confiance pour un arbre de changements spatiotemporels j.

Avec $\omega_j = 1 - d(S_q, S_p)$; (d est la distance décrite par l'équation (4.5), S_p est l'état requête et S_p est l'état similaire trouvé).

$\omega_j = 0$ signifie une remise en cause totale de la fiabilité de l'arbre j. Alors que, $\omega_j = 1$ signifie une confiance absolue dans l'arbre j.

La masse de A ($A \subset D$) est calculée par la formule suivante :

$$m_{\omega_j,j}(A) = \omega_j * m_j(A) \tag{4.12}$$

$$m_{\omega_j,j}(D) = (1 - \omega_j) + \omega_j * m_j(D) \tag{4.13}$$

Dans notre raisonnement, la fonction de croyance $m_{\omega_j,j}$ est la fonction m_j affaiblie par le coefficient $(1 - \omega_j)$.

De cette manière, lorsque nous avons une confiance totale dans la fiabilité d'un arbre de changements donné, les décisions apportées par cet arbre ne devrait pas engendrer de conflits lors de la combinaison.

La combinaison des masses est faite par la règle orthogonale de Dempster-Shafer et la décision est faite par l'une des règles présentées dans le chapitre 2.

A l'aide de l'intégration de degré de confiance ω_j, nous avons pu calculer la masse conflictuelle entre deux arbres de changements spatiotemporels pris à part. Ceci est montré par la Figure 4.16 [27].

4.4.4.4 Théorie des possibilités

Nous notons par $\pi_i^{C_r}$ le degré de possibilités que le type d'occupation du sol auquel évolue S_q est C_r lorsque nous nous référons à l'arbre de changement i.

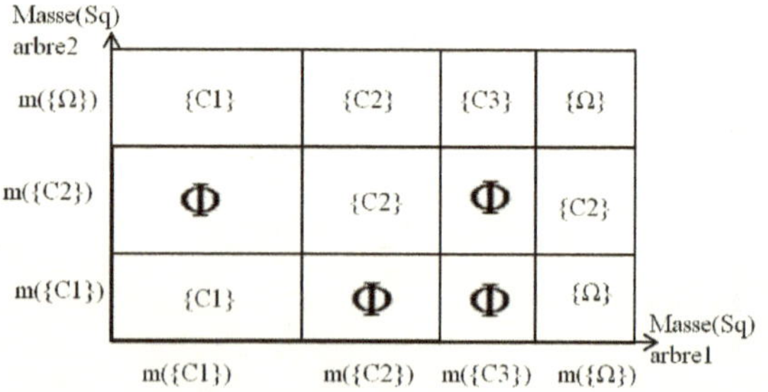

Masse(Sq)
arbre2

m({Ω})	{C1}	{C2}	{C3}	{Ω}
m({C2})	Φ	{C2}	Φ	{C2}
m({C1})	{C1}	Φ	Φ	{Ω}
	m({C1})	m({C2})	m({C3})	m({Ω})

Masse(Sq) arbre1

Figure 4.16 — Masses conflictuelles entre deux arbres de changements.

Le principal défi est de déterminer les degrés de confiance et les pourcentages de changements de l'état requête S_q.

m ensembles flous sont calculés pour l'état requête S_q comme suit [60] :

$$\{\pi_1(S_q), \pi_2(S_q), \ldots, \pi_i(S_q), \ldots, \pi_m(S_q)\} \tag{4.14}$$

$\pi_i^{C_r}$ est le degré d'appartenance de l'état S_q à la classe C_r tout en se référant à l'arbre de décision i.

Chaque arbre de changements spatiotemporels a un degré de confiance *conf*.

Avec $conf = 1 - d(S_q, S_p)$; (d est la distance décrite par l'équation (4.5), S_p est l'état requête et S_p est l'état similaire trouvé).

Dans notre travail, nous avons choisi d'utiliser l'opérateur de combinaison adaptatif [25]. L'utilisation de ce type d'opérateur semble nécessaire afin de tenir compte de la fiabilité de chaque arbre de changements. Cela réduit l'influence des informations imparfaites et améliore le poids relatif aux informations fiables.

Pour calculer les pourcentages de changements (*per*) aux types d'occupation du sol et les degrés de confiance (*deg*) pour ces changements, nous supposons soit : $\pi_i^{C_r}(S_q) = deg_r^i$ ou $\pi_i^{C_r}(S_q) = per_r^i$ (*i=1...m* et *r=1...k*).

La règle de combinaison adaptative utilisée dans notre approche est la suivante :

$$\pi_f^{C_r} = max(min(\omega_i \pi_i^{C_r}(S_q), f_i^{C_r}(S_q), 1 \leq i \leq m)) \tag{4.15}$$

Où $f_i^{C_r}$ est la confiance globale de l'arbre de changements i pour le type d'occupation du sol C_r (égal à *conf*).

ω_i est le facteur de normalisation défini dans l'équation (4.16). Selon [60], cette règle de combinaison garantit que seuls les sources fiables sont prises en compte pour chaque type d'occupation du sol.

$$\begin{cases} \omega_i = \frac{\sum_{j=1, j \neq i}^{m} H_{\alpha QE}(\pi_j)}{(m-1)\sum_{j=1}^{m} H_{\alpha QE}(\pi_j)} \\ \sum_{i=1}^{m} \omega_i = 1 \end{cases} \tag{4.16}$$

74

Où $H_{\alpha QE}(\pi_k)$ est le degré du flou de l'arbre de changements spatiotemporels j, $\pi_j = \{\pi_j^{C_r}, r = 1\ldots n\}$.
Selon [60], α (α=0.5) est un paramètre sélectif. Il permet d'avoir des ensembles flous avec approximativement le même degré de possibilités ou avec des degrés différents. Le degré du flou $H_{\alpha QE}(\pi_j)$ est définit comme suit :

$$\begin{cases} H_{\alpha QE}(\pi_j) = \frac{1}{n}\sum_{r=1}^{n} S_{\alpha QE}(\pi_j^C(S_q)) \\ S_{\alpha QE}(\pi_j^C(S_q)) = \frac{\pi_j^C(S_q)^\alpha(1-\pi_j^C(S_q))^\alpha}{2^{-2\alpha}} \end{cases} \quad (4.17)$$

Les décisions dans la théorie de fusion possibiliste sont généralement prises en utilisant le maximum de degré de possibilités qui est donné par l'équation suivante :

$$S_q \in C_r \ if \ \pi_f^{C_r}(S_q) = max\{\pi_f^{C_j}(S_q), 1 \le j \le k\} \quad (4.18)$$

4.5 Troisième phase : Interprétation de changements

Les arbres de changements générés par notre approche permettent de décrire les changements de l'occupation de sol entre deux dates. A ces changements, notre approche fournit un degré de confiance accordé pour chaque changement.
Ces arbres de changements peuvent être interprétés de deux façons.
  – La première façon consiste à calculer les changements d'un type d'occupation du sol à une date future. Par exemple, 2% de la zone végétation non dense s'est transformé à la date de 2010 en eau, 10% en sol nu, 60% en végétation non dense, 18% en forêt et 10% en urbain. Ces changements sont donnés par la Figure 4.17.

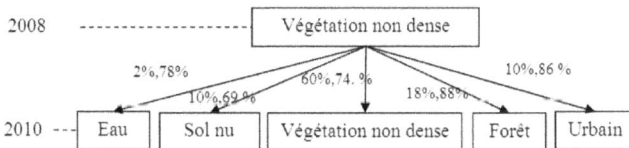

Figure 4.17 — Arbre de changements spatiotemporels de la zone végétaion entre les dates 2008 et 2010.

Un exemple d'utilisation de la première façon d'interprétation est de suivre les tendances de la zone de végétation et d'estimer s'il y a d'éventuelles catastrophes qui menacent cette zone comme l'érosion et la déforestation.

  – La deuxième façon consiste à prédire l'apport de chaque type d'occupation du sol pour une zone particulière.
  La Figure 4.18 illustre une carte de transition de l'occupation du sol pour cinq types d'occupation du sol : eau, sol nu, végétation non dense, forêt et urbain

entre 2008 et 2010.

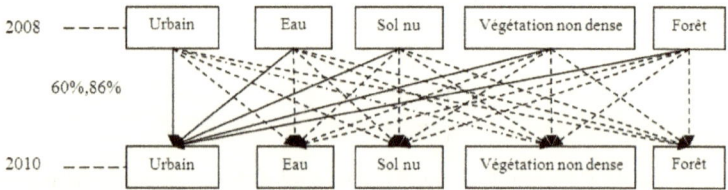

Figure 4.18 — Carte de transition entre 2008 et 2010.

Nous pouvons évaluer l'apport de chaque type d'occupation du sol afin de déterminer l'état d'un type d'occupation à une date donnée. Ceci est décrit par la Figure 4.19.

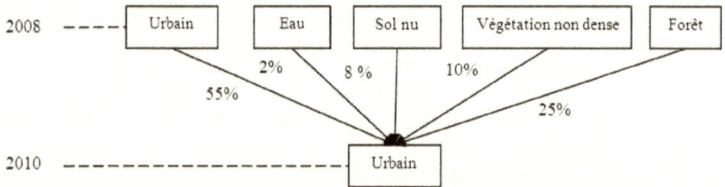

Figure 4.19 — Apports des différents types d'occupation du sol à la zone urbaine à la date 2010.

Par exemple, la zone urbaine, à la date 2010 est composée de 2% d'eau, 8% de sol nu, 10% de végétation non dense, 25% de forêt et de 55% d'urbain). Cela peut être utile pour suivre de nombreux cas de catastrophe qui menacent les types d'occupation du sol. Par exemple, déterminer quels sont les types d'occupation du sol concernés par un étalement urbain.

4.6 Conclusion

Dans ce chapitre, nous avons présenté une approche de prédiction de changements spatiotemporels de l'occupation du sol. L'approche proposée consiste en trois phases : la modélisation spatiotemporelle des objets à partir d'une séquence d'images satellitales, la prédiction des changements de l'occupation du sol et l'interprétation de ces changements.
Au cours de ce chapitre, nous avons montré le rôle de la fouille de données lorsqu'elle

est combinée avec la logique floue pour la prédiction de changements de l'occupation du sol. Nous avons montré aussi que notre approche intègre une gestion multi-niveaux des imperfections : liées données, liées à la prédiction et liées aux résultats.

Le chapitre suivant sera consacré à l'application et à l'évaluation de l'approche proposée sur un jet de données réelles décrivant l'île de la Réunion.

Chapitre **5** Expérimentation

5.1   Introduction

Dans le chapitre précédent, nous avons présenté notre approche de prédiction de changements spatiotemporels de l'occupation du sol. Nous nous intéressons dans ce chapitre à appliquer cette approche sur un scénario, puis à l'évaluer sur un ensemble d'images réelles.

L'objectif du scénario l'application est le suivi de l'étalement urbain. Ce dernier est considéré comme la transformation des zones "naturelles" en zones construites. Il s'accompagne généralement avec une perte de la ruralité et une disparition des zones agricoles périurbaines.

5.2 Application de l'approche proposée

Dans cette section, nous décrivons d'abord le scénario d'application. Ensuite, nous présentons la base d'images et la région d'étude utilisées dans le scénario d'application. Enfin, Nous détaillons les résultats obtenus.

5.2.1 Description du scénario d'application

Le but du scénario est d'appliquer notre approche pour la prédiction des changements d'une zone urbaine.
Le scénario d'application est divisé en cinq phases :
  – Modélisation des images satellitales.
  – Construction des arbres de changements de la zone urbaine.
  – Recherche des arbres de changements spatiotemporels pertinents.
  – Fusion des arbres de changements.
  – Interprétation des changements de la zone urbaine.
La figure 5.1 illustre les cinq étapes de l'approche proposée.

5.2.2 Présentation de la base d'images et de la région d'étude

5.2.2.1 Présentation de la base d'images

Afin de prédire les changements de la zone urbaine de la région de Saint-Denis, nous avons utilisé des images provenant de la base Kalideos[1] Isle-Réunion. Cette base offre des séries de données satellitales prétraitées (plus spécifiquement corrigées radiométriquement, géométriquement et atmosphériquement), multitemporelles et multi-capteurs.
La Figure 5.2 expose une répartition temporelle des images de la base Kalideos Isle-Réunion du CNES[2] jusqu'à la date du 11 octobre 2011.

Le choix de cette base d'images est justifié par le fait qu'elle présente des séries temporelles d'images satellitales géoréférencées, parfaitement superposables et radiométriquement cohérentes depuis 1986, à raison d'une ou deux images par an. Ceci présente un intérêt important pour le suivi de l'évolution de l'occupation du sol et notamment de l'urbanisation. L'analyse des images contenues dans cette

---

1. http ://kalideos.cnes.fr
2. Centre National d'Etudes Spatiales (French Space Agency)

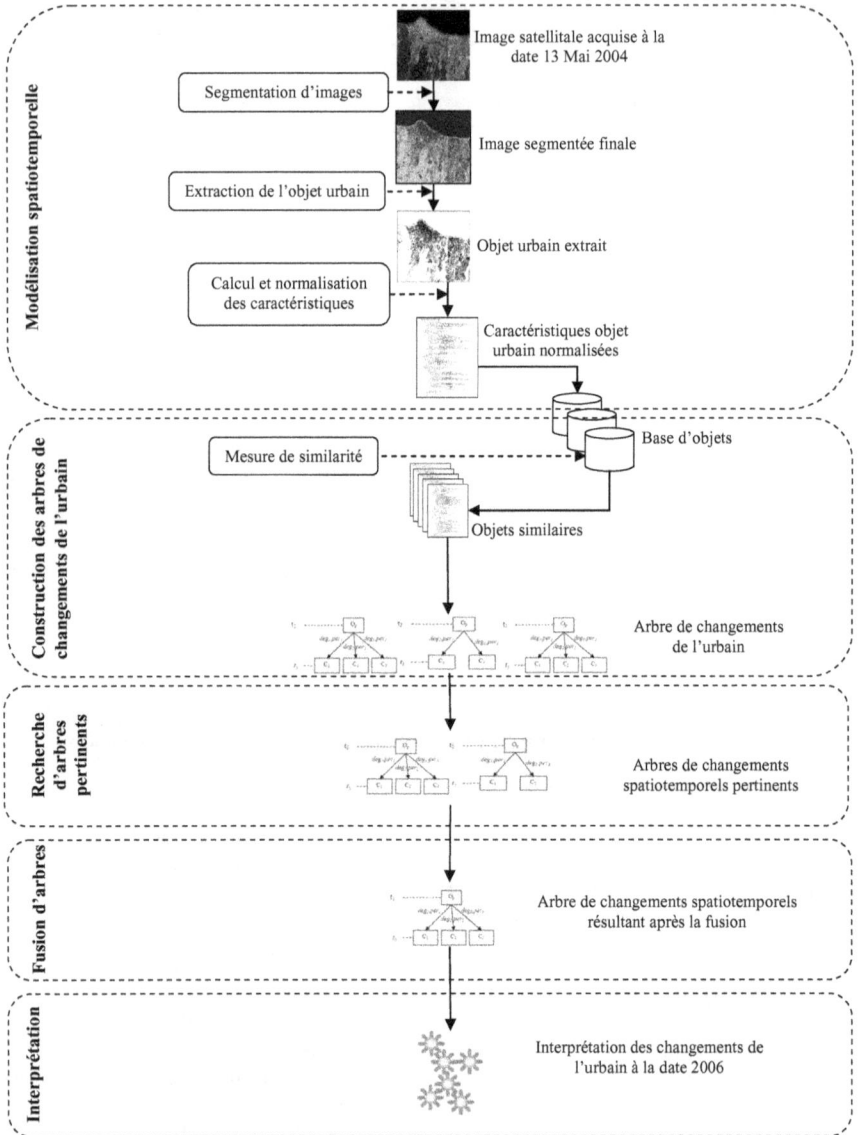

Figure 5.1 — Scénario d'application de l'approche proposée.

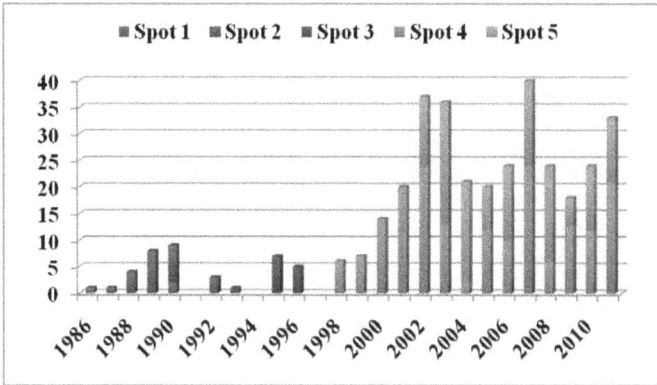

Figure 5.2 — Répartition temporelle des images de la base Kalideos Isle-Réunion.

base va servir alors comme une base de connaissances permettant d'alimenter une vision prospective sur les changements futurs de l'occupation du sol à l'île de la Réunion.

Les images que nous avons utilisé de cette base sont des images corrigées radiométriquement, géométriquement et atmosphériquement.

5.2.2.2 Présentation de la région d'étude

La région d'étude pour le scénario d'application considéré est la région de Saint-Denis située dans le Nord-est de l'Île de la Réunion. La Figure 5.3 décrit cette région d'étude.

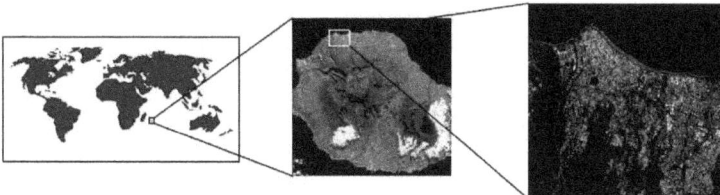

Figure 5.3 — Région d'étude.

L'île de la Réunion est située dans l'océan Indien à environ 700 kilomètres à l'est de Madagascar à 170 kilomètres au sud-ouest de l'île Maurice (21°7' à 19°40' sud, 55° 13'

à 61°13' est). La Réunion est un département français d'outre-mer qui compte officielle-
ment au 1^{ier} janvier 2011 de 808 250 habitants[3]. Il s'agit d'une île d'origine volcanique
de superficie 2 512 km^2 occupant une forme ovoïde, compacte et fortement accidentée.
La région de Saint-Denis est la communauté la plus populeuse des départements français
extérieurs à la France. Elle est confrontée à une forte croissance démographique, à l'exis-
tence de zones naturelles protégées et au nécessaire maintien de son activité agricole
telle que la canne à sucre.

L'étalement urbain est une problématique au cœur du débat sur l'aménagement du
territoire à La Réunion où les contraintes géographiques et les enjeux d'occupation
de l'espace sont importants [29]. La croissance de l'espace urbain dû à la croissance
démographique et à l'évolution des modes de vie met en danger l'équilibre des espaces
naturels.

Ainsi, le besoin d'étudier les changements de la zone urbaine à la région de Saint-Denis
est important.

5.2.3 Résultats d'application de l'approche proposée

L'image utilisée dans le scénario d'application et présentée par la Figure 5.4 est
caractérisée par une résolution de 10 mètres et elle est composée de 643x609 pixels.
Cette image a été acquise le 13 Mai 2004. Elle est ortho-rectifiée et co-enregistrée aux
coordonnées du système Mercator Transversal Universel (UTM) avec une racine carrée
de l'erreur moyenne inférieure à 0.5 pixel.

5.2.3.1 Phase 1 : Modélisation spatiotemporelle des images satellitales

La première étape de la phase de modélisation spatiotemporelle des images satellitale est l'identification des objets. Cette étape est à son tour composée de trois
sous-étapes : segmentation collaborative, combinaison des résultats de la segmentation
et extraction des objets.

Les algorithmes utilisés pour la segmentation collaborative sont :
- k-means comme algorithme de segmentation par partitionnement.
- BIRCH (**B**alanced **I**terative **R**educing and **C**lustering) comme algorithme de segmentation hiérarchique.
- STING (**ST**atistical **IN**formation **G**rid) a été choisi comme algorithme de segmentation par grille.
- DBSCAN (**D**ensity **B**ased **S**patial **C**lustering of **A**pplications with **N**oise) comme
  algorithme de segmentation basé sur la densité.
- EM (**E**xpectation-**M**aximization) comme algorithme de segmentation par
  modèles.

Le choix de ces algorithmes est justifié dans l'annexe A.

La Figure 5.5 illustre les images obtenues par la segmentation collaborative en

---

3. http ://www.insee.fr

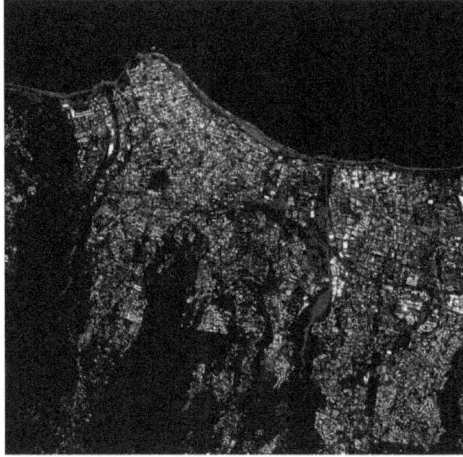

Figure 5.4 — Image satellitale *Imag* acquise à la date de 13 Mai 2004.

appliquant les algorithmes : k-means, BIRCH, STING, DBSCAN et EM.

La Figure 5.6.a décrit l'image obtenue après la combinaison des résultats de la segmentation des cinq images de la Figure 5.5. La méthode de fusion appliquée pour la combinaison des résultats de la segmentation est la fusion possibiliste avec l'opérateur d'intersection. Le choix de cette méthode de fusion est déterminé par l'application d'un cadre de travail permettant de trouver la meilleure méthode de fusion pour un contexte donné [59].

Pour obtenir l'image vérité de terrain (Figure 5.6.b), des informations ont été extraites par des experts sur la région d'étude. Des polygones de la région d'étude sont digitalisés pour dériver des informations thématiques tout en utilisant une carte topographique ayant une échelle de 1/50 000 [92]. Les informations topographiques ont été utilisées pour déterminer les classes thématiques de la zone d'étude. Cinq types d'occupation du sol ont été identifiés qui sont : 1) urbain, 2) eau, 3) forêt, 4) sol nu et 5) végétation non dense.

La Figure 5.7 décrit l'objet urbain extrait de l'image *Imag*. Les attributs des cinq descripteurs radiométriques, géométriques, texturaux, spatiaux et contexte du travail sont calculés pour cet objet. Ces attributs constituent l'état requête représentant l'objet urbain à la date du 13 Mai 2004.

5.2.3.2   Phase 2 : Construction des arbres de changements de la zone urbaine

La deuxième phase du scénario d'application est la construction des arbres de changements de la zone urbaine. Notre objectif est de déterminer les changements de cette zone à la date 2006. Pour ce faire, nous cherchons les états similaires à l'état requête et ayant un changement après deux ans.

Pour chaque état similaire trouvé, nous construisons son arbre de changements spatiotemporels. Ces arbres décrivent les changements de la zone urbaine dans la région de Saint-Denis à la date 2006.

Parmi les arbres trouvés, nous présentons un extrait de dix arbres transformés en règles :

R1 : **si** similar $(S_q,2004,S_p,2003)$ **alors** change($urbain,eau$,2006,0.36,78.04) **et** change($urbain,sol$ nu,2006,1.67,69.12) **et** change($urbain,végétation$ non $dense$,2006,10.8,74.35) **et** change($urbain,forêt$,2006,26.99,88.8) **et** change($urbain,urbain$,2006,60.18, 86.66) (98.03).

R2 : **si** similar $(S_q,2004,S_p,2004)$ **alors** change($urbain,eau$,2006,0.03,86.13) **et** change($urbain,sol$ nu,2006, 1.1,   85.10) **et** change($urbain,végétation$ non $dense$,2006,10.33,68.50) **et** change($urbain,forêt$,2006,26.7,80.1) **et** change($urbain,urbain$,2006, 61.84, 64.06) (98.01).

R3 : **si** similar $(S_q,2004,S_p,2005)$ **alors** change($urbain,eau$,2006,0.44,73.87) **et** change($urbain,sol$ nu,2006,0.9,88.6) **et** change($urbain,végétation$ non $dense$,2006,9.05,63.8) **et** change($urbain,forêt$,2006,29.25,65.56) **et** change($urbain,urbain$,2006,60.36,77.19) (97.89).

R4 : **si** similar $(S_q,2004,S_p,2006)$ **alors** change($urbain,eau$,2006,0.61,72.6) **et** change($urbain,sol$ nu,2006,2.1,57.30) **et** change($urbain,végétation$ non $dense$,2006,12.15,82.91) **et** change($urbain,forêt$,2006,23.8,61.02) **et** change($urbain,urbain$,2006, 61.34, 65.76) (97.61).

R5 : **si** similar $(S_q,2004,S_p,2009)$ **alors** change($urbain,eau$,2006,0.1,79.20) **et** change($urbain,sol$ nu,2006,1.43,76.25) **et** change($urbain,végétation$ non $dense$,2006,13.54,88.56) **et** change($urbain,forêt$,2006,21.98,54.54) **et** change($urbain,urbain$,2006,62.95,49.97) (97.05).

R6 : **si** similar $(S_q,2004,S_p,2004)$ **alors** change($urbain,eau$,2006,0.02,89.72) **et** change($urbain,sol$ nu,2006,0.81,92.1) **et** change($urbain,végétation$ non $dense$,2006,17.67,72.9) **et** change($urbain,forêt$,2006,30.09,64.6) **et** change($urbain,urbain$,2006,51.41,45.91) (96.90).

R7 : **si** similar $(S_q,2004,S_p,2006)$ **alors** change($urbain,eau$,2006,0.02,93.22) **et** change($urbain,sol$ nu,2006,2.04,90) **et** change($urbain,végétation$ non $dense$,2006,12.37,78.3) **et** change($urbain,forêt$,2006,24.1,76.1) **et** change($urbain,urbain$,2006,56.25,85.47) **et** change($urbain,rivière$,2006,5.22,54.6) (96.78).

R8 : **si** similar $(S_q,2004,S_p,2003)$ **alors** change($urbain,eau$,2006,0.04,82.16) **et** change($urbain,sol$ nu,2006,3.23,78.11) **et** change($urbain,végétation$ non $dense$,2006, 8.01, 73.45) **et** change($urbain,forêt$,2006, 31.02,66.5) **et** change($urbain,urbain$,2006,57.7, 82.10) (96.14).

R9 : **si** similar $(S_q,2004,S_p,2008)$ **alors** change($urbain,eau$,2006,0.5,84.04) **et** change($urbain,sol$ nu,2006,1.95,81.1) **et** change($urbain,végétation$ non $dense$,2006,15.87, 79.9) **et** change($urbain,forêt$,2006,28.22,72.6) **et** change($urbain,urbain$,2006,53.46, 85) (95.98).

R10 : **si** similar $(S_q,2004,S_p,2002)$ **alors** change($urbain,eau$,2006,1.2,76.53) **et** change($urbain,sol$ nu,2006,10.15,60.08) **et** change($urbain,végétation$ non $dense$,2006,28.2,55.99) **et** change($urbain,forêt$,2006,28.3,74.44) **et** change($urbain,urbain$,2006,32.15,56.69) (95.92).

5.2.3.3 Phase 3 : Recherche des arbres de changements spatiotemporels pertinents

La troisième phase du scénario d'application est la recherche des arbres de changements spatiotemporels pertinents. Ceci passe par la transformation des arbres obtenus par la phase de construction des arbres de changements en cas sources. Ces cas sont traités afin de déterminer si leurs arbres sont pertinents ou non.

Nous prenons l'extrait des dix règles présentées précédemment. La première étape consiste à construire leurs cas correspondants.

Chaque cas est composé par la partie "variables explicatives" et nous cherchons à déterminer sa partie "variables à expliquer". Les variables explicatives sont formées par les valeurs de mesures d'intérêt pour chaque règle et par les poids accordés à ces mesures. Dans l'exemple considéré, nous supposons que toutes les mesures ont le même poids (équiprobabilités).

Le Tableau 5.1 décrit les valeurs des mesures d'intérêt : F.C, Simp, P.S, J.M, K.S, G.B.I, AC, SU et NO pour les dix règles. Par exemple, pour la première règle, les valeurs des mesures d'intérêt sont les suivantes : 0.813 pour FC, 0 pour Simp, 2.033 pour P.S, 0.042 pour J.M, 0.468 pour K.S, 0.344 pour G.B.I, 1 pour AC, 0 pour SU et 0 pour NO.

Prenons la première règle, son cas correspondant est :

Cas_1={(0.813,0.11),(0,0.11),(2.033,0.11),(0.042,0.11),(0.3212,),(0.344,0.11),(1,0.11), (0,0.11),(0,0.11)}.

	F.C	Simp	P.S	J.M	K.S	G.B.I	AC	SU	NO
R1	0.813	0	2.033	0.042	0.468	0.344	1	0	0
R2	0.622	0	3.008	0.012	0.007	0.030	0	1	0
R3	0.442	0	4.001	0.040	0.220	-0.881	1	0	0
R4	0.887	0	1.761	0.431	0.322	0.011	1	0	0
R5	0.675	0	2.003	0.039	0.100	0.554	1	0	0
R6	0.038	0	3.564	0.066	0.650	-0.230	1	0	0
R7	0.770	0	2.990	0.103	0.552	-0.810	0	1	1
R8	0.551	0	4.120	0.211	0.446	0.068	1	0	1
R9	0.902	0	3.743	0.005	0.704	0.709	1	0	0
R10	0.054	0	1.095	0.040	0.089	0.375	0	1	0

Tableau 5.1: Mesures d'intérêt correspondantes aux dix règles.

Le Tableau 5.2 décrit les actions des cas correspondant aux dix règles et leurs confiances. Ce tableau montre que 2 parmi les 10 cas sont considérés comme non pertinents. Si nous examinons ces cas, nous remarquons que pour la règle R7 (correspondant au cas 7) il y a une apparition d'une nouvelle occupation du sol qui est une rivière. Cependant, en étudiant le contexte de la région, nous pouvons affirmer que l'apparition d'une rivière dans cette région avec un changement de l'urbain de 5.22% est difficile. En effet, ce type d'occupation du sol n'existe pas dans la classification de l'image à la date 2004 ce qui contredit l'hypothèse de son apparition à la date 2006 (période très courte).

Pour la règle R10 (correspondant au cas 10), nous observons un changement brusque de la zone urbaine. Cette zone urbaine a perdu 67.85% de sa surface pour le profit d'autres occupations de sol pendant une période très courte (deux ans).

	Action	Confiance
Cas 1	pertinent	0.71
Cas 2	pertinent	0.67
Cas 3	pertinent	0.78
Cas 4	pertinent	0.80
Cas 5	pertinent	0.66
Cas 6	pertinent	0.56
Cas 7	non pertinent	0.75
Cas 8	pertinent	0.69
Cas 9	pertinent	0.59
Cas 10	non pertinent	0.74

Tableau 5.2: Cas correspondants aux dix règles.

5.2.3.4   Phase 4 : Fusion des arbres de changements

La quatrième phase du scénario d'application est la fusion des arbres pertinents retournés par la phase de recherche des arbres de changements spatiotemporels pertinents.

Nous prenons les huit arbres pertinents identifiés précédemment. Le Tableau 5.3 résume les pourcentages des changements de l'objet urbain vers les cinq types d'occupation du sol, les confiances accordées à ces changements ainsi que les degrés de confiance accordés aux règles. Nous notons les cinq types d'occupation du sol par : eau (C_1), sol nu (C_2), végétation non dense (C_3), forêt (C_4) et urbain (C_5). $conf$ est le degré de de confiance accordé à chaque règle.

		C_1	C_2	C_3	C_4	C_5	$conf$
R_1	per	0.36	1.67	10.8	26.99	60.18	98.03
	deg	78.04	69.12	74.35	88.8	86.66	
R_2	per	0.03	1.1	10.33	26.7	61.84	98.01
	deg	86.13	85.10	68.50	80.1	64.06	
R_3	per	0.44	0.9	9.05	29.25	60.36	97.89
	deg	73.87	88.6	63.8	65.56	77.19	
R_4	per	0.61	2.1	12.15	23.8	61.34	97.61
	deg	72.6	57.30	82.91	61.02	65.76	
R_5	per	0.1	1.43	13.54	21.98	62.95	97.05
	deg	79.20	76.25	88.56	54.54	49.97	
R_6	per	0.02	0.81	17.67	30.09	51.41	96.90
	deg	89.72	92.1	72.9	64.6	45.91	
R_8	per	0.04	3.23	8.01	31.02	57.7	96.14
	deg	82.16	78.11	73.45	66.5	82.10	
R_9	per	0.5	81.1	15.87	28.22	53.46	95.98
	deg	84.04	1.95	79.9	72.6	85	

Tableau 5.3: Changements de la zone urbaine entre 2004 et 2006 selon les règles pertinentes trouvées

Le Tableau 5.4 présente les changements de la zone urbaine entre 2004 et 2006 après application de la phase de fusion possibiliste avec l'opérateur de combinaison adaptatif. L'urbain évolue vers l'eau avec un pourcentage de changements de 0.03%, vers le sol nu avec un pourcentage de changements de 0.72%, vers la végétation non dense avec un pourcentage de changements de 11.39%, vers la forêt avec un pourcentage de changements de 28.01% et vers l'urbain avec un pourcentage de changements de 59.85%.

Type d'occupation du sol	Pourcentage de changements	Degré de confidence (%)
Eau	0.03	85.33
Sol nu	0.72	89.06
Végétation non dense	11.39	76.15
Forêt	28.01	73.11
Urbain	59.85	81.64

Tableau 5.4: Changements après la phase de fusion pour la zone urbaine entre les dates 2004-2006.

La Figure 5.8 décrit l'apport de chaque type d'occupation du sol à la zone urbaine à la date 2006. La zone eau contribue avec 0.08% dans la zone urbaine, la zone sol nu contribue avec 4.81%, la zone végétation non dense contribue avec 9.42%, la zone forêt contribue avec 25.84% et la zone urbaine contribue avec 59.85%.
Nous constatons que les occupations les plus touchées par l'étalement urbain sont les forêts (25.84%) et les zones de végétation non dense (9.42%).

5.2.3.5   Phase 5 : Interprétation des résultats

La Figure 5.9 décrit les changements de la zone urbaine à la date 2006 pour les cinq types d'occupation du sol : eau, forêt, sol nu, végétation non dense et urbain.
Les changements importants sont relatifs à la forêt (orange) et la végétation non dense (vert). La surface de la zone urbaine a évolué d'environ 3% de la surface entière de la région d'étude entre 2004 et 2006. Ceci présente un changement important tout en considérant la courte période des changements (seulement 2 ans) et la zone concernée par les changements (zones forestières et végétation non dense).

Afin de mieux comprendre les changements de la zone urbaine entre 2004 et 2006, une étude basée sur le flot optique [14] est effectuée. La méthode des flots optiques permet de calculer les mouvements entre les deux zones urbaines aux dates 2004 et 2006. Dans la Figure 5.10, les flèches indiquent le sens des changements de l'urbain.

La Figure 5.11 montre que la zone concernée par l'étalement urbain est essentiellement la zone végétation non dense.

En étudiant les caractéristiques sociales de l'île de la Réunion, nous pouvons constater que l'île de la Réunion est l'une des quatre régions françaises ayant une variation démographique supérieure à 1% par an (1,72% par an depuis 1990). D'autre part, plusieurs caractéristiques d'identification de l'île de la Réunion peuvent être mises en jeu :
  – Premièrement, la Réunion est caractérisée par une croissance naturelle (excédent des naissances sur les décès). Le taux de natalité atteint 20‰ alors que le taux de décès est égal à 5‰ (http ://www.insee.fr/2010).

– Deuxièmement, le solde migratoire qui est défini comme la différence entre le nombre de personnes ayant pénétré et quitté l'île de la Réunion au cours de l'année est positive.

Par ces deux caractéristiques, quand elles sont jointes à la limitation des ressources fondamentales, nous pouvons conclure que la surveillance de l'occupation de sol à l'île de la Réunion est un problème central pour la planification régionale. Par la suite, l'étalement urbain constitue un problème continu qui menace la planification régionale.

Le Tableau 5.4 et la Figure 5.10 décrivent les changements de la zone urbaine entre les dates 2004 et 2006. Le Tableau 5.4 montre que les changements urbains sont effectués sur la forêt et les zones végétation non dense. Alors que la Figure 5.10 montre que les zones végétation non dense sont les zones qui sont principalement concernées par l'étalement urbain. Ceci peut être expliqué par le fait que les zones forestières sont conservées par l'autorité régionale (Parc national de l'île de la Réunion).
Ainsi, nous pouvons constater que la zone végétation non dense est la zone la plus concernée par l'étalement urbain.
Les zones de végétation non dense sont considérées comme les meilleures terres agricoles de l'île de la Réunion en raison de leurs accessibilités et leurs productivités. Cela influencera profondément l'industrie de la canne à sucre. En effet, la canne à sucre joue un rôle environnemental important car elle contribue à réduire l'érosion des sols, à traiter les effluents d'élevage et de fournir des ressources énergétiques (électricité). En outre, la filière canne à sucre se présente comme la première source de revenus après le tourisme, dans le secteur de l'exportation. Elle représente aussi la principale industrie alimentaire dans l'île de la Réunion.

Pour toutes ces raisons, nous considérons qu'il est urgemment nécessaire d'avoir une intervention immédiate de l'autorité nationale afin de préserver la zone végétation non dense.

5.3 Evaluation de l'approche proposée

L'évaluation de l'approche proposée est faite par phase. Les phases choisies pour l'évaluation sont : la segmentation collaborative, la prédiction de changements et la recherche des arbres de changements spatiotemporels pertinents. L'évaluation de ces phases est faite en comparant leurs résultats par rapport à des approches existantes.

5.3.1 Phase de segmentation

Afin d'évaluer les performances de la phase de segmentation de notre approche, nous avons pris un échantillon de 50 images satellitales. Ces images sont segmentées par une segmentation collaborative puis par une fusion. Les résultats obtenus sont comparés à cinq autres méthodes de segmentation qui sont k-means, BIRCH, EM, DBSCAN et STING et à des images vérité de terrain.

La comparaison de ces résultats est basée sur une analyse post-segmentation par le biais de la matrice de confusion. Cette matrice est définie comme la répartition des pixels classés dans les différentes classes pour chacune des régions de l'image représentant la vérité de terrain. D'abord, nous définissons R_i, comme l'ensemble de pixels de la vérité de terrain classés dans $i = 1, \ldots, c$ et C_j, comme l'ensemble des pixels classés dans $j = 1, \ldots, c$ où c est le nombre de classes. Nous définissons la matrice $A = (A_{i,j})$:

$$A_{i,j} = card(R_i \cap C_j) \tag{5.1}$$

Les coefficients $A_{i,j}$ correspondent au nombre de pixels classés dans j appartenant à la région i ; la matrice de confusion $M = (M_{i,j})$, est alors :

$$M_{i,j} = \frac{A_{i,j}}{card(R_i)} \tag{5.2}$$

Dans cette matrice, les colonnes représentent les données de terrain alors que les lignes indiquent les données générées par la segmentation.

Les valeurs de la diagonale de la matrice de confusion représentent le taux de bonne appartenance des pixels à une classe donnée. La somme des cellules de la diagonale de la matrice M (c-à-d $\sum M_{i,i}$) represente la somme des taux de bonne appartenance de pixels aux classes.

A partir des éléments de cette matrice, nous pouvons définir le critère de **P**récision **G**lobale (PG) de la segmentation. Ce critère joue le rôle de paramètres de précision dans notre évaluation. La PG est mesurée par le rapport entre le nombre de pixels classés correctement et le nombre total des pixels [79]. Les pixels classés correctement se trouvent le long de la diagonale de la matrice de confusion.

La comparaison de ces résultats montre que la méthode de segmentation proposée qui est la segmentation collaborative suivie par la fusion donne les meilleurs résultats de segmentation dans la plupart des cas (30 cas sur les 50 cas).

La Figure 5.12 illustre un extrait de la comparaison de notre méthode de segmentation et des cinq autres méthodes de segmentation . Cet extrait montre les résultats obtenus à partir de 20 images choisies parmi l'échantillon de 50 images.

La précision globale de notre méthode de segmentation est de 81.31%. La méthode de segmentation, parmi les cinq méthodes, ayant la plus haute précision est la méthode de k-means avec 74.10%. Le Tableau 5.5 donne les précisions globales de notre méthode de segmentation et des cinq autres méthodes pour 50 images satellitales.

La Figure 5.13 montre que dans 60% des cas notre méthode de segmentation donne les meilleurs résultats de segmentation.

Méthode	Précision de segmentation
Approche proposée	81.31%
K-means	74.10%
BIRCH	71.63%
EM	71.41%
STING	66.78%
DBSCAN	56.63%

Tableau 5.5: Comparaison de la précision globale de segmentation pour 50 images tests.

5.3.2 Phase de prédiction de changements

Afin d'évaluer les performances du module de prédiction de changements, nous avons pris une image représentant la même région d'étude (Saint-Denis) à la date 14 Octobre 2006 (Fig. 5.14).

Nous avons appliqué une segmentation collaborative suivie par une fusion sur l'image *Imag*. Ensuite, nous avons extrait l'objet urbain à partir de l'image segmentée finale. Nous avons calculé les changements de cet objet entre les dates 2004 et 2006 pour les cinq types d'occupation de sol : eau, sol nu, végétation non dense, forêt et urbain.

Le Tableau 5.6 décrit les changements réels de la zone urbaine entre les dates 2004 et 2006.

Type d'occupation du sol	Pourcentage de changements
Eau	0.01%
Sol nu	0.21%
Végétation non dense	14.45%
Forêt	27.05%
Urbain	58.28%

Tableau 5.6: Changements réels de la zone urbaine entre 2004 et 2006.

La Figure 5.15 illustre une comparaison entre les changements trouvés et les changements réels pour chaque type d'occupation du sol. Nous remarquons que l'erreur de la prédiction des changements de la zone urbaine est de 1.32% et l'erreur globale de la prédiction des changements des cinq types d'occupation du sol est 6.81%.

Pour mieux évaluer la phase de prédiction, nous avons considéré 10 autres périodes. Nous avons déterminé les changements de la zone urbaine en appliquant notre approche. Puis, nous avons calculé les changements réels en se basant sur des images représentant les mêmes dates pour chaque période. Ceci nous a permis d'évaluer l'erreur de prédiction entre les changements trouvés et les changements réels pour les 10 périodes.

Le Tableau 5.7 décrit l'erreur de prédiction des changements de la zone urbaine pour chaque période. Nous remarquons que l'erreur n'excède pas 5% pour les dix périodes tests. Ce résultat montre les bonnes performances de notre approche en ce qui concerne la prédiction de changements de l'urbain.

Période	2002-2003	2002-2004	2002-2005	2003-2006	2004-2008	2004-2009	2003-2009	2004-2010	2003-2010	2002-2010
Erreur (%)	1.34	1.97	2.15	2.01	3.22	2.17	3.10	4.28	4.11	4.83

Tableau 5.7: Erreur de prédiction des changements de la zone urbaine pour 10 périodes.

5.3.3 Phase de recherche des arbres de changements spatiotemporels pertinents

L'évaluation de la phase de recherche des arbres de changements spatiotemporels pertinents est faite en comparant les résultats obtenus en appliquant notre approche avec les résultats fournis par des approches existantes. Nous considérons 9 ensembles de données se composant chacun d'un nombre d'arbres qui ont été générés après la phase de la construction des arbres de changements. Ces ensembles de données sont illustrés dans le Tableau 5.8.

Les ensembles de données sont fournis à un expert afin d'évaluer subjectivement les arbres de changements pertinents.

Nous considérons trois autres approches. Chacune de ces approches est basée sur l'une des mesures suivantes : la mesure de facteur de certitude (F.C), la mesure de Piatetsky-Shapiro (P.S) et la mesure de la nouveauté (NO).

Ensemble de données	1	2	3	4	5	6	7	8	9
Nombre de règles découvertes	80	92	76	156	41	112	98	146	153

Tableau 5.8: Nombre total d'arbres découverts pour chaque ensemble de données.

La Figure 5.16 donne le pourcentage des arbres pertinents pour les 9 ensembles de données trouvés par notre approche et par les trois autres approches considérées. Le pourcentage d'arbres pertinents est obtenu par rapport au nombre réel d'arbres pertinents fourni par l'expert.

Nous remarquons aussi que la méthode proposée pour la recherche des arbres de changements pertinents a les meilleurs résultats dans la plupart des cas (66.67% du nombre de fois, elle possède le meilleur pourcentage).

La Figure 5.17 montre les valeurs minimales, moyennes et maximales du taux d'erreur de la recherche des arbres pertinents par l'approche proposée et les mesures F.C, P.S, NO.

Nous avons également effectué des évaluations sur 50 autres ensembles de données pour comparer les performances avec neuf autres mesures (F.C, Simp, P.S, J.M, K.S, G.B.I, AC, SU et NO). Nous avons calculé la moyenne du pourcentage des arbres pertinents découverts pour les 50 ensembles de données. La Figure 5.18 donne une comparaison du pourcentage des règles pertinentes. Nous remarquons que l'approche proposée donne un pourcentage égal à 78.65%. Cette valeur dépasse les neuf autres mesures d'intérêt.

5.4   Conclusion

Dans ce chapitre, nous avons présenté un scénario d'application de l'approche proposée. Ce scénario est divisé en cinq phases : modélisation des images satellitales, construction des arbres de changements de la zone urbaine, recherche des arbres de changements spatiotemporels pertinents, fusion des arbres de changements et interprétation des changements de la zone urbaine.

Le scénario d'application a pour objectif la prédiction des changements de la zone urbaine de la région de Saint-Denis entre les dates 2004 et 2006. Les résultats obtenus montrent que la zone de végétation non dense est la zone la plus concernée par l'étalement urbain.

Afin d'évaluer les performances de notre approche, nous avons choisi les trois phases suivantes : la segmentation collaborative, la prédiction des changements et la recherche des arbres de changements spatiotemporels pertinents. L'évaluation de ces phases a montré les bonnes performances de notre approche.

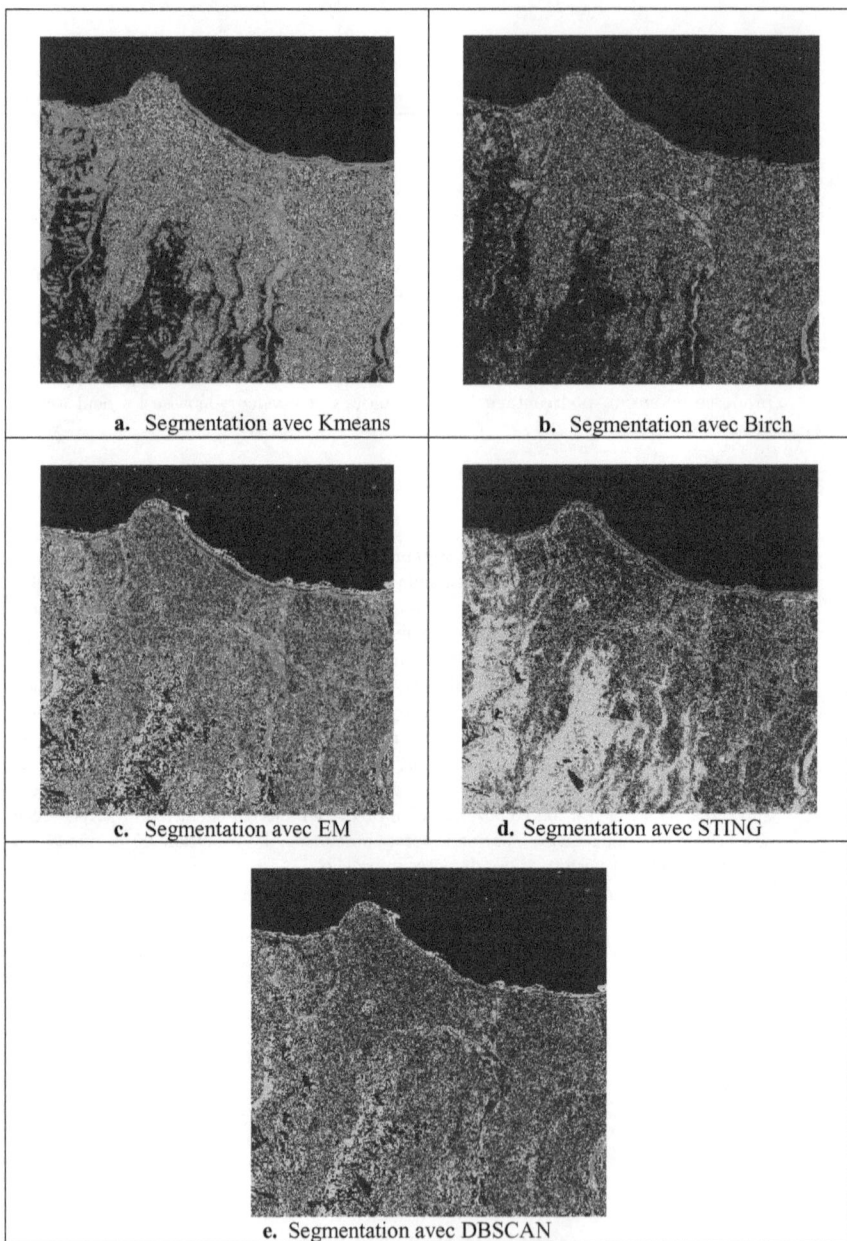

a. Segmentation avec Kmeans

b. Segmentation avec Birch

c. Segmentation avec EM

d. Segmentation avec STING

e. Segmentation avec DBSCAN

Figure 5.5 —Segmentation collaborative de l'image *Imag*.

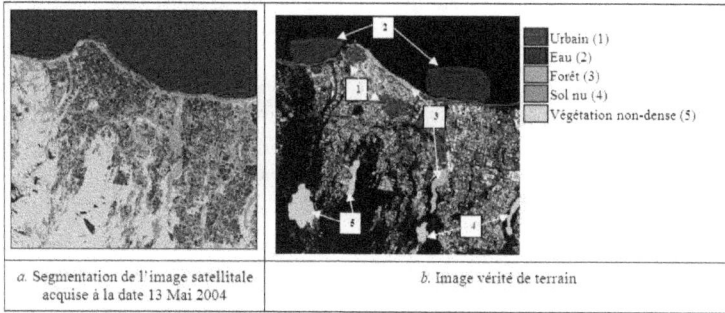

a. Segmentation de l'image satellitale acquise à la date 13 Mai 2004

b. Image vérité de terrain

Figure 5.6 — Segmentation finale de l'image *Imag* et image vérité de terrain.

Figure 5.7 — Objet "Urbain" extrait de l'image classifiée *Imag*.

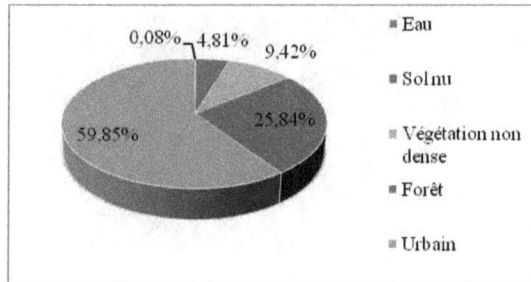

Figure 5.8 — Apports des cinq types d'occupation du sol à la zone urbaine à la date 2006.

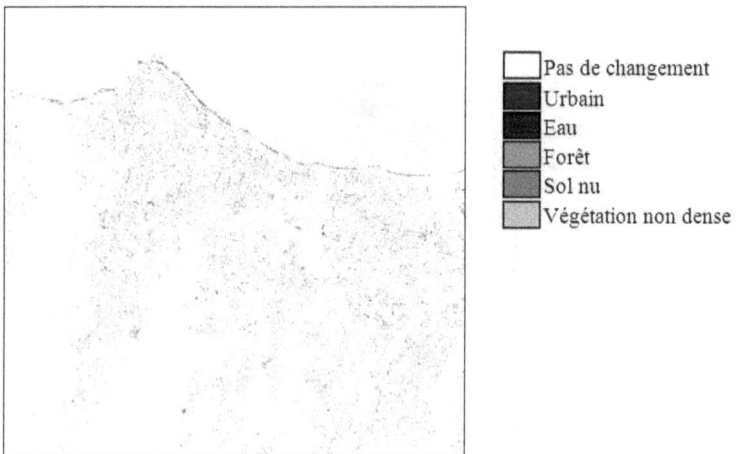

Figure 5.9 — Changements de la zone urbaine entre les dates 2004 et 2006.

a. Flot optique de la zone urbaine représenté sur l'image acquise à la date 13 Mai 2004	b. Flot optique de la zone urbaine représenté sur la segmentation de l'image acquise à la date 13 Mai 2004

Figure 5.10 — Flot optique de la zone urbaine.

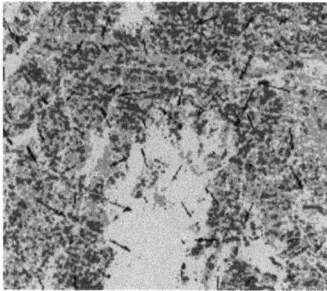

Figure 5.11 — Extrait du flot optique de la zone urbaine.

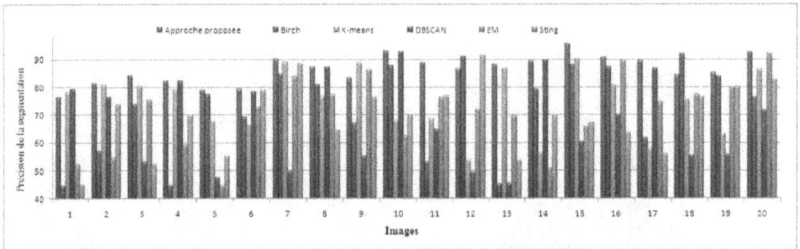

Figure 5.12 — Précision de segmentation pour BIRCH, k-means, DBSCAN, EM, STING
et pour notre méthode pour un extrait de 20 images satellitales.

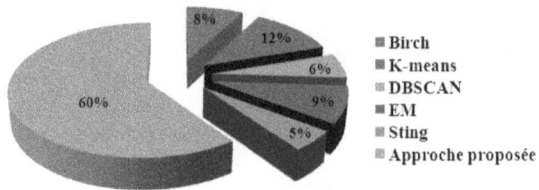

Figure 5.13 — Moyenne d'obtention de la meilleure précision de segmentation.

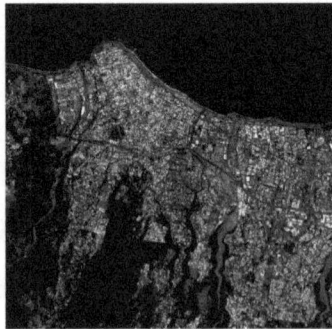

Figure 5.14 — Image satellitale *Imag* acquise à la date 14 Octobre 2006 pour la région de
Saint-Denis.

98

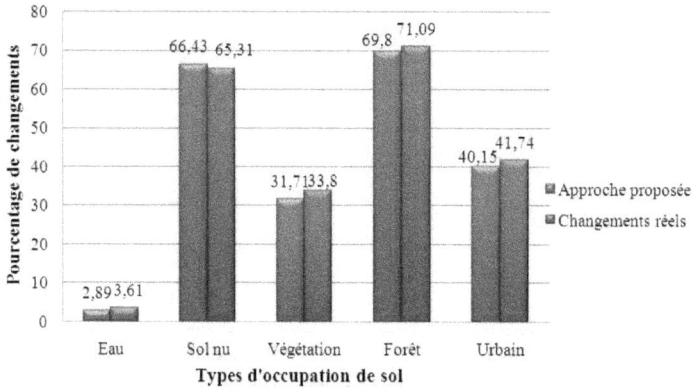

Figure 5.15 — Comparaison des pourcentages de changements réels/trouvés.

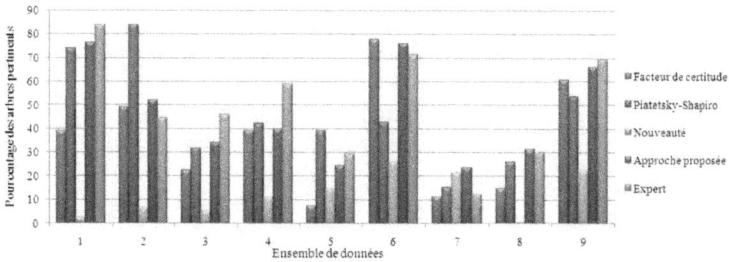

Figure 5.16 — Pourcentage des arbres pertinents trouvés par F.C, P.S, NO et par notre approche pour les 9 ensembles de données.

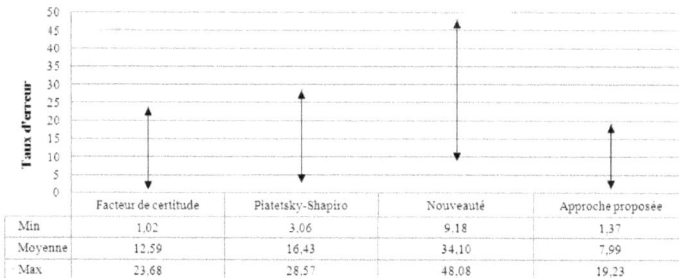

	Facteur de certitude	Piatetsky-Shapiro	Nouveauté	Approche proposée
Min	1.02	3.06	9.18	1.37
Moyenne	12.59	16.43	34.10	7.99
Max	23.68	28.57	48.08	19.23

Figure 5.17 — Valeurs Min, Moyenne et Max de taux d'erreur dans la recherche des arbres pertinents par F.C, P.S, NO et par notre approche pour les 9 ensembles de données.

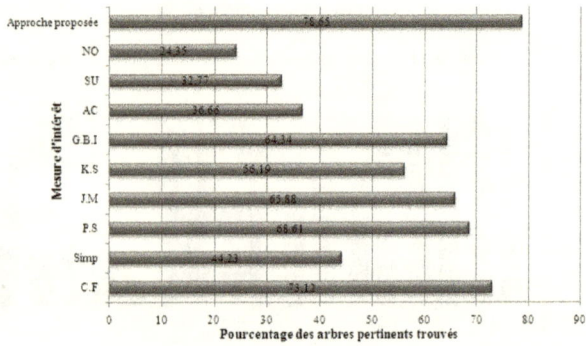

Figure 5.18 — Pourcentage des arbres pertinents trouvés pour 50 ensembles de données tests.

Conclusions et perspectives

En imagerie satellitale, les technologies spatiales et les capacités d'acquisition ne cessent d'évoluer. La communauté des chercheurs en télédétection se retrouve face à une nécessité grandissante en méthodes innovantes de traitement d'images et d'analyse de séries temporelles à haute résolution spatiale. La richesse du contenu informatif de ces données est utile pour un large panel d'applications. Parmi ces applications, nous citons la prédiction de l'occupation du sol.

La modélisation prédictive de l'occupation du sol soulève un problème méthodologique concernant le choix du modèle destiné à produire les actions à entreprendre dans une situation future. Face à ce problème, nous avons choisi d'utiliser une approche approximative basée sur les systèmes experts. Cette approche permet de modéliser un ensemble hétérogène renfermant des informations de type qualitatif et d'autres de type quantitatif. Elle permet aussi d'incorporer les aspects incertains et imprécis liés au processus de prédiction de changements. Le point fort des systèmes expert est qu'ils sont basés sur un processus d'apprentissage nous permettant d'intégrer un historique des changements passés et des facteurs qui influent sur ces changements. Ceci ouvre de nouvelles perspectives pour la prédiction des changements.

L'objectif de cette thèse est de prédire les changements spatiotemporels de l'occupation du sol. La démarche de prédiction proposée est scindée en trois phases : la modélisation spatiotemporelle des images satellitales, la prédiction des changements et l'interprétation des résultats. La phase de modélisation permet d'identifier et de représenter les objets d'une image ainsi que leurs dynamiques dans un contexte spatiotemporel. Cette phase est composée de trois étapes qui sont : la segmentation des images, le calcul des caractéristiques et la normalisation des attributs spatiotemporels. La deuxième phase est la phase de prédiction de changements. L'objectif de cette phase est de prédire les changements spatiotemporels de l'occupation du sol. Ces changements sont donnés sous formes de règles. Cette phase consiste en quatre étapes : la mesure de similarité, la construction des arbres de changements spatiotemporels, la recherche des arbres de changements spatiotemporels pertinents et finalement la fusion de ces arbres pertinents. La dernière phase d'interprétation des résultats permet la validation des actions entreprises pour les changements observés et la production de nouvelles actions pouvant être prises dans une situation future.

Les contributions apportées dans le cadre de ce travail de thèse sont :

- **La proposition d'une approche de modélisation spatiotemporelle des images satellitales** : cette approche permet le suivi de la dynamique selon la composante spatiale et/ou temporelle des objets d'une image satellitale. Pour assurer cette modélisation, nous proposons tout d'abord d'appliquer une segmentation collaborative afin d'identifier les objets d'une image. Ensuite, nous utilisons la technique de fusion pour la combinaison des résultats de segmentation obtenus. Enfin, pour caractériser les objets identifiés, nous proposons cinq types de descripteurs regroupés selon deux catégories de caractérisation : une caractérisation liée-objet et une caractérisation liée-image. La première catégorie décrit les caractéristiques intrinsèques des objets tandis que la deuxième catégorie décrit les relations spatiales des objets et le contexte d'acquisition des images. Notre approche de modélisation intègre l'aspect spatial des images qui est défini par des relations métriques et directionnelles entre objets et l'aspect temporel qui est défini par la dynamique des descripteurs des objets.

- **La proposition d'un processus pour la prédiction des changements de l'occupation du sol** : ce processus est basé sur la technique des arbres de décisions flous . Cette technique offre plus de robustesse pour la gestion des données incertaines lors de la prédiction des changements. De plus, elle permet une représentation des décisions par des règles de décisions floues, ce qui s'avère identique au processus de prise de décisions dans la pensée humaine.

- **La gestion multi-niveaux des données imparfaites** : dans notre approche, nous proposons trois niveaux de gestion d'incertitudes : niveau des données, niveau de la prédiction et niveau des résultats. Au niveau des données, nous avons appliqué une segmentation collaborative permettant de combiner plusieurs méthodes et ce afin de minimiser les incertitudes liées à l'identification des objets issus d'une image satellitale. Au niveau de la prédiction, nous avons utilisé la logique floue pour le calcul du degré de confiance dans le processus de construction des arbres de changements. Au niveau des résultats, nous avons eu recours au Raisonnement à Base des Cas (RBC) dans l'objectif d'évaluer la pertinence des règles décrivant les changements de l'occupation de sol. Aussi, nous avons utilisé la technique de fusion pour combiner les décisions prises sur ces changements.

- **L'application et l'évaluation de l'approche proposée** : pour évaluer l'approche proposée, nous avons choisi comme site d'étude l'île de la Réunion et nous

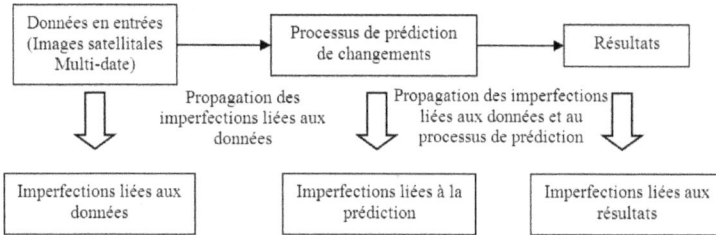

Figure 5.19 — Représentation multi-niveaux des imperfections.

avons utilisé la base d'images satellitales Kalideos Isle-Réunion du CNES. La partie expérimentation est divisée en deux parties : application et évaluation de l'approche. Dans la partie application, nous avons voulu montrer la reproducti-bilité de cette approche à travers ces trois phases : la modélisation des images satellitales, la prédiction des changements spatiotemporels de l'occupation de sol et l'interprétation de ces changements. Dans la partie évaluation, nous avons voulu évaluer et comparer les performances de notre approche. Pour de faire, nous avons choisi d'évaluer et comparer ses phases avec des approches existantes. Les résultats d'évaluation en termes de précision ont montré les bonnes performances de l'approche proposée comparée à des approches classiques.

Perspectives

Plusieurs axes de recherche peuvent être envisagés à partir de notre travail. Ces axes sont à la fois d'ordre méthodologiques et applicatifs :

– Sur le plan méthodologique, nous comptons construire une base de connaissances sur les méthodes de segmentation. Chaque méthode sera caractérisée par un degré de confiance reflétant sa convenance pour une situation donnée. Aussi, nous en-visageons de prendre en compte les connaissances provenant des SIG. Ceci per-mettra une meilleure caractérisation des objets extraits à partir des images sa-tellitales. Enfin, pour minimiser les incertitudes qui entachent le processus d'ex-traction de connaissances, nous projetons de considérer la propagation de ces in-certitudes d'un niveau à un autre : depuis les données jusqu'aux résultats comme le montre la figure 5.19. Ceci revient à identifier et à mesurer les valeurs des variables causant cette propagation.

– Sur le plan applicatif, nous planifions de faire d'autres tests de notre approche pour évaluer ses performances en utilisant des mesures autres que la précision tels que le rappel et le coût. Aussi, nous comptons tester notre approche sur des séries d'images d'un autre domaine tel que le domaine médical. En effet, la croissance des techniques en imagerie médicale a entraîné un volume considérable de données. Ce volume de données devient de plus en plus difficile à exploiter de façon optimale par les médecins. Pour faciliter la tâche d'extraction de connaissances, il sera intéressant de voir l'applicabilité de notre approche sur les images du domaine médical.

Annexe **A** Segmentation

A.1 Introduction

La segmentation ou le clustering (regroupement) est une étape de base du traitement d'images. Elle a pour objectif de partitionner un ensemble de données en des clusters (classes) ayant un sens. Ces clusters possèdent diverses propriétés en commun (intensité, forme, texture, etc.).

La segmentation peut être considérée comme la première étape de l'interprétation des images. En effet, une bonne interprétation des images dépend pour une grande part de la qualité de la segmentation.

Les méthodes de segmentation peuvent être divisées selon l'intervention des utilisateurs dans le processus de segmentation en deux grandes catégories :

- Méthodes supervisées : dans ces méthodes, l'analyste identifie des échantillons assez homogènes de l'image qui sont représentatifs de différents types de surfaces. Ces ensembles constituent les données test. Ces données sont utilisées pour définir les classes et leurs propriétés (exemple de méthodes : K Plus Proche Voisins).
- Méthodes non supervisées : elles visent à séparer automatiquement l'image en classes sans aucune connaissance préalable. Ces classes sont formées en se basant

seulement sur l'information numérique des données. Pour ces méthodes, l'analyste spécifie généralement le nombre de classes (exemple de méthodes : K-Means).

En littérature, les méthodes de segmentation peuvent être classées en deux familles : par contour et par région. Pour la première famille, elle permet de détecter les transitions entre les régions de l'image. Dans cette famille, on recherche les discontinuités dans la scène. Quant à la deuxième famille, les pixels adjacents similaires selon un certain critère d'homogénéité sont regroupés en régions distinctes.

Dans le cadre de notre thèse, nous nous intéressons à identifier les régions de niveaux de gris homogènes. Ainsi, nous allons détailler dans cette annexe les principales méthodes de segmentation par région. Ces méthodes peuvent être divisées selon le fonctionnement et les paramètres de travail en cinq familles : par partitionnement, hiérarchique, basés sur la densité, par grilles et par modèles.

A.2 Familles de méthodes de segmentation

A.2.1 Méthodes par partitionnement

Ces méthodes permettent de construire plusieurs partitions puis les évaluer selon certains critères. Le principe général est de construire une partition à k clusters d'une base D de n objets. Les k clusters doivent optimiser le critère choisi. Le critère peut être global (en considérant toutes les k-partitions) ou heuristique (tels que les algorithmes *k-means* et *k-medoids*).

Parmi les algorithmes de partitionnement les plus populaires, nous citons le *k- moyennes* (*k-means* en anglais) [104]. L'algorithme de *k-moyennes* est présenté dans l'algorithme 4.

Algorithme 4 k-moyenne

Entrée: k le nombre de clusters désiré, d une mesure de dissimilarité sur l'ensemble des objets à traiter X

Sortie: Une partition $C = \{C_1, ..., C_k\}$

%% Etape 0

1: Initialisation par tirage aléatoire dans X, de k centres $x_{1,0}^*, x_{k,0}^*$

2: Constitution d'une partition initiale $C_0 = \{C_1, ..., C_k\}$ par allocation de chaque objet x_i au centre le plus proche :
$$C_l = \{x_i \in X | d(x_i, x_{l,0}^* = \min_{h=1,...,k} d(x_i, x_{h,0}^*)\}$$

3: Calcul des centroïdes de k classes obtenues $x_{1,1}^*, ..., x_{k,1}^*$

%% Etape t

4: Constitution d'une nouvelle partition $C_t = \{C_1, ..., C_k\}$ par allocation de chaque objet $x_i \in X$ au centre le plus proche :
$$C_l = \{x_i \in X | d(x_i, x_{l,t}^* = \min_{h=1,...,k} d(x_i, x_{h,t}^*)\}$$

5: Calcul des centroïdes de k classes obtenues $x_{1,t+1}^*, ..., x_{k,t+1}^*$

6: Répéter les étapes 4 et 5 tant que des changements s'opèrent d'un schéma C_t à un schéma C_{t+1} ou jusqu'à un nombre τ d'itérations

7: Renouveler la partition finale C_{finale}

A.2.2 Méthodes hiérarchiques

Ces méthodes permettent de créer une décomposition hiérarchique des objets selon certains critères. Les Méthodes hiérarchiques se basent sur deux concepts : l'agglomération des groupes similaires et la division des groupes dissimilaires [41]. Le principe général de ces algorithmes est le suivant : étant donné un échantillon de m enregistrements $x_1, ..., x_m$ en entrée. On commence avec m clusters (cluster = 1 enregistrement). La deuxième étape est de grouper les deux clusters les plus "proches". Si tous les enregistrements sont membres d'un seul groupe, on s'arrête, sinon on va à la deuxième étape.

Parmi les méthodes de segmentation hiérarchique, nous citons : CURE, COBWEB, CACTUS et BIRCH.

Dans cette annexe, nous détaillons les étapes de l'algorithme de BIRCH [147] (algorithme 5).

Algorithme 5 BIRCH

Entrée: $D = \{t_1, t_2, ..., t_n\}$ %% ensemble d'éléments

T %% seuil pour la construction de l'arbre CF

Sortie: K %% ensemble des groupes

1: **Pour tout** $t_i \in D$ **faire**

2:     Déterminer le noeud feuille correcte pour l'insertion de t_i

3:     **Si** la condition de seuil n'est pas violée **alors**

4:         Ajouter t_i à groupe et mettre à jour le triplet CF

5:     **Sinon Si** espace pour insérer t_i **alors**

6:         Insérer t_i comme groupe unique et mettre à jour le triplet CF

7:     **Sinon**

8:         Diviser le noeud feuille et redistribuer les descripteurs CF

9:     **Fin Si**

10: **Fin Pour**

Le vecteur caractéristique d'une classe CF peut prendre les valeurs N; LS; SS. Avec

N : le nombre d'objets O_i dans la classe.

$LS = \sum X_i$.

$SS = \sum X_i^2$.

X_i : le vecteur des variables décrivant l'objet O_i.

A.2.3 Méthodes basées sur la densité

Elles sont basées sur des notions de connectivité et de densité. Pour ces méthodes, l'utilisation de mesures de similarité (distance) est moins efficace que l'utilisation de densité de voisinage. Les algorithmes basés sur la densité considèrent les clusters comme des régions denses d'objets qui sont séparées par des régions moins denses. Le but des algorithmes basés sur la densité est de ressortir les groupes de n'importe quelle forme et de détecter les anomalies et les objets qui forment des " *outliers* ". Parmi les algorithmes appartenant à cette catégorie de clustering, nous citons le DBSCAN (Density-Based Spatial Clustering of Applications with Noise) [55]. L'algorithme 6 détaille les principales étapes de l'algorithme DBSCAN.

Algorithme 6 DBSCAN

Entrée: D, eps, MinPts
Sortie: $C = \{C_1, ..., C_k\}$
  1: $C = \emptyset$
  2: **Pour tout** point non visté P $\in$ D **faire**
  3:     Marquer P comme visité
  4:     N = regionrecherche(P, eps)
  5:     **Si** taille(N) < MinPts **alors**
  6:         Marquer P comme bruit
  7:     **Sinon**
  8:         C = cluster suivant
  9:         ElargirCluster (P, N, C, eps, MinPts)
 10:     **Fin Si**
 11: **Fin Pour**
 12: ElargirCluster(P, N, C, eps, MinPts)
 13: Ajouter P au cluster C
 14: **Pour tout** point P' $\in$ N **faire**
 15:     **Si** P' n'est pas visité **alors**
 16:         Marquer P' comme visité
 17:         N' = regionrecherche (P', eps)
 18:         **Si** taille(N') $\geq$ MinPts **alors**
 19:             N = N $\cup$ N'
 20:         **Fin Si**
 21:     **Fin Si**
 22:     **Si** P' n'est pas membre d'aucun cluster **alors**
 23:         Ajouter P' au cluster C
 24:     **Fin Si**
 25: **Fin Pour**

DBSCAN nécessite 3 paramètres :
- D : un ensemble de données.
- eps : le rayon de voisinage (distance max).
- MinPts : le seuil de densité (nombre min).

A.2.4   Méthodes de grille

Ces méthodes sont basées sur une structure à multi-niveaux de granularité. Elles divisent l'espace en cellules formant une grille et groupent les cellules voisines en termes de distance. Le principal avantage de ces méthodes qu'elles ne dépendent pas du nombre d'objets mais du nombre de cellules. Alors que l'inconvénient majeur est la détermination du bon seuil avec lequel on va définir si une cellule est dense ou non. Parmi les méthodes de grille, nous citons STING (STatistical IN formation Grid) [142], ENCLUS [38], CLIQUE (CLustering In QUEst) [2], MAFIA [69], etc.

Les étapes de l'algorithme STING sont présentées dans l'algorithme 7.

Algorithme 7 STING

1: Déterminer les clusters comme les cellules denses connectées de la grille
2: Affiner successivement les niveaux :
3:      Pour chaque cellule du niveau courant, STING calcul l'intervalle de probabilité pour que les sous-cellules soient denses
4:      Les cellules non intéressantes sont éliminées
5: Ajouter une dimension
6: Le processus répété jusqu'au niveau le plus bas

A.2.5 Méthodes à modèles

Ces méthodes affectent pour chaque cluster un modèle ensuite elles vérifient chaque modèle sur chaque groupe pour choisir le meilleur. Les méthodes à modèles permettent de découvrir des clusters compréhensibles plutôt que de définir des mesures de similarité permettant de minimiser les distances intra-clusters et maximiser les distances inter-clusters. Plusieurs algorithmes se basent sur la notion du modèle, parmi lesquels nous citons : COBWEB [62] et Expectation Maximization (EM) [50].
L'algorithme 8 détaille les étapes de l'algorithme EM.

Algorithme 8 EM

Entrée: $X = \{x_1, ..., x_n\}$ un ensemble des observations, k le nombre de clusters désirés et ϵ un seuil de tolérance
Sortie: $\{(\mu_h, \sigma_h^2, \tau_h)\}_{h=1,...,n}$ un ensemble de k vecteurs de paramètres
1: Initialiser k vecteurs de paramètres $\{(\mu_h^0, \sigma_h^{2^0}, \tau_h^0)\}_{h=1,...,n}$
2: A l'étape t, calculer les vecteurs $\{(\mu_h^{t+1}, \sigma_h^{2^{t+1}}, \tau_h^{t+1})\}_{h=1,...,n}$ à partir des estimations de l'étape précédente $\{(\mu_h^t, \sigma_h^{2^t}, \tau_h^t)\}_{h=1,...,n}$

$$\nu_j(\mu_h^{t+1}) = \frac{\sum_{i=1}^n p^t(h|x_i)\nu_i(x_i)}{\sum_{i=1}^N p^t(h|x_i)}$$
$$\sigma_h^{2^{t+1}} = \frac{\sum_{i=1}^n p^t(h|x_i)\|x_i-\mu_h^t\|^2}{\sum_{i=1}^n p^t(h|x_i)}$$
$$\tau_h^{t+1} = \frac{1}{n}\sum_{i=1}^n p^t(h|x_i)$$

3: Calculer la variation de la fonction d'erreur (log de vraisemblance négatif) :
$$\Delta^{t+1} = -\sum_{i=1}^n \ln\left(\frac{p^{t+1}(x_i)}{p^t(x_i)}\right)$$
4: Si $\Delta > \epsilon$ alors retourner à l'étape 2, sinon retourner les vecteurs $\{(\mu_h^{t+1}, \sigma_h^{2^{t+1}}, \tau_h^{t+1})\}_{h=1,...,n}$
N.B $p^t(h|x_i) = \frac{p^t(x_i|h)\tau_h^t}{p^t(x_i)}$ par l'égalité de Bayes

---

A.3 Comparaison des méthodes de segmentation

Avec l'accroissement du nombre des méthodes de segmentation, le problème d'évaluation de ces méthodes est devenu crucial. L'évaluation est nécessaire de fait qu'elle permet aux chercheurs de comparer un nouvel algorithme à ceux existants. Elle permet, aussi, aux utilisateurs de choisir un algorithme et régler ses paramètres en fonction du contexte du travail.

Dans la littérature, plusieurs critères ont été proposés pour évaluer la qualité de la segmentation. Parmi ces critères, nous citons : évolutivité par rapport aux grands ensembles de données, aptitude à travailler avec des données de dimension élevée, capacité à trouver des groupes de forme irrégulière, manipulation des valeurs aberrantes, complexité en temps, dépendance entre les données, recours à des connaissances a priori et aux paramètres définis par les utilisateurs, etc. [17]

Dans cette partie, nous avons choisi de faire une comparaison entre quelques méthodes de segmentation appartenant aux familles de méthodes de segmentation : par partitionnement, hiérarchiques, basées sur la densité, par grilles et à modèles (Tableau A.1). Une comparaison des méthodes de segmentation selon d'autres critères peut être trouvée dans les travaux de [22] [129] [21].

Ainsi, d'après l'étude de l'état de l'art, nous pouvons déduire que les méthodes de segmentation k-means (pour la famille de méthodes par partitionnement), BIRCH (pour la famille de méthodes hiérarchiques), STING (pour la famille de méthodes basées sur les grilles), DBSCAN (pour la famille de méthodes basées sur la densité) et EM (pour la famille de méthodes basées sur les modèles) s'adaptent le mieux à notre contexte du travail à savoir la segmentation des images satellitales.

Nom	Type d'algorithme	Paramètres d'entrée	Formes des classes	Caractéristiques de données	Caractéristiques de l'algorithme
k-means	Partition	Nombres de classes	Sphérique	Gros jeux de données	Ne traite pas les aberrants. Complexité : O(kn). Il existe certaines versions qui différent par la mise à jour des centroïdes
PAM	Partition	Nombres de classes	Sphérique	Petits jeux de données	Ne traite pas les aberrants. Complexité : $O(k(n-k)^2)$
CLARA	Partition	Nombres de classes	Sphérique	Petits jeux de données	Ne traite pas les aberrants. Complexité : $O(n^2)$
CLARANS	Partition	Nombres de classes, maximum nombre de voisins	Sphérique	Petits jeux de données	Ne traite pas les aberrants. Complexité : $O(kn^2)$

BIRCH	Hiérarchique	Nombre d'embranchement, seuil de compacité	Sphérique	Gros jeux de donnée	Traite les aberrants. Complexité :$O(n)$. Utiliser le résumé de données. Trois versions pour données numériques, mélangées et flux de données

CURE	Hiérarchique	Nombre d'embranchement, nombre de représentatifs	Arbitraire	Jeux de données relativement gros	Traite les aberrants. Complexité :$O(n^2 \log n)$. Utiliser le résumé de données
DBSCAN	Basé sur densité	Rayon d'une classe, nombre minimum de points dans une classe	Arbitraire	Gros jeux de données	Traite les aberrants. Complexité :$O(nlogn)$
DENCLUE	Basé sur densité	Rayon d'une classe, nombre minimum de points	Arbitraire	Gros jeux de données	Traite les aberrants. Complexité :$O(nlogn)$
OPTICS	Basé sur densité	Rayon d'une classe, nombre minimum, maximum d'une classe, Nombre minimum d'objets	Arbitraire	Gros jeux de données	Traite les aberrants. Complexité :$O(nlogn)$
ISODATA	Basé sur grille	Nombre maximal d'itérations, écart-type standard intra-classe, distance minimale entre deux classes	Sphérique	Gros jeux de données spatiales	Traite les aberrants. Complexité $O(n)$
STING	Basé sur grille	Nombre de cellules au niveau le plus bas, nombre d'objets dans une cellule	Frontière verticale et horizontale	Gros jeux de données spatiales	Traite les aberrants. Complexité $O(n)$
WaveCluster	Basé sur grille	Nombre de cellules pour chaque dimension, Wavelet, Nombre d'applications de transformation	Arbitraire	Gros jeux de données spatiales	Traite les aberrants. Complexité $O(n)$

CLIQUE	Basé sur grille	Taille de la grille, Nombre minimum de points dans une cellule	Arbitraire	Gros jeux de données spatiales	Traite les aberrants. Complexité $O(c^k + kn)$. Classification faite dans sous-espaces
EM	Basé sur modèle	Ensemble des observations	Non convexe	Gros jeux de données	Traite les aberrants
COBWEB	Basé sur modèle	Ensemble des observations	Non convexe	Petits jeux de données	Distributions de probabilité coûteux

Tableau A.1: Comparaison entre quelques méthodes de segmentation

A.4   Problèmes liés à la segmentation

Les méthodes de segmentation sont nombreuses et utilisées avec succès dans plusieurs domaines tels que la télédétection, le médical et le sonar. Cependant, ces méthodes souffrent encore de nombreux problèmes [64].

Parmi ces problèmes, nous citons le choix de nombre de clusters. En effet, dans la plupart des algorithmes de segmentation, il est nécessaire de fournir le nombre de clusters comme paramètre de l'algorithme. Dans d'autres cas, ces algorithmes sont exécutés plusieurs fois avec des valeurs différentes du nombre de clusters. Ceci dans le but d'évaluer les résultats de chaque exécution et ensuite choisir le nombre optimal de clusters. Cependant, ce choix dépend fortement du critère sélectionné pour évaluer les résultats.

Un deuxième problème lié à la segmentation est la validité de clusters. En effet, le but de la segmentation d'images est de décomposer une image en un ensemble de clusters. Dans le cas idéal, ces clusters doivent être conformes à la vérité de terrain. Ainsi, il faut vérifier la validité des clusters découverts en utilisant des procédures qui évalue le résultat obtenu de manière quantitative et objective.

Le troisième problème concerne les paramètres des algorithmes de segmentation. En effet, chaque algorithme possède ses propres paramètres qui différèrent selon plusieurs critères. Ces paramètres influent sur les résultats obtenus et nécessitent une connaissance auprès des utilisateurs. Parmi les paramètres des algorithmes de segmentation, nous pouvons citer ceux de l'initialisation. Par exemple, pour l'algorithme k-means, il est nécessaire de définir les centroïdes initiaux.

Un autre problème caractérisant les méthodes de segmentation est le choix de la meilleure segmentation dans le cas où nous disposons de plusieurs résultats de segmentation. Ce choix est difficile surtout quand l'expert a peu de connaissances sur les données. En littérature, les études faites sur ce domaine ont été d'accord sur la même conclusion : il n'existe pas de méthode de segmentation qui est meilleure que toutes les autres.

A.5 Combinaison des résultats de la segmentation

Chacune des méthodes de segmentation a son propre concept de travail. Elle produit, généralement, une image segmentée qui est différente aux images segmentées par les autres méthodes. Ainsi, le problème de combinaison des résultats de différentes méthodes de segmentation se pose dès qu'on se trouve dans un contexte de segmentation collaborative visant à obtenir une image segmentée finale combinant ces différents résultats. Plusieurs travaux ont été élaborés dans le contexte de combinaison des résultats de la segmentation, parmi lesquels nous citons : [120] [97].

Forestier [64] distingue trois familles de méthodes de combinaison de différents résultats de la segmentation collaborative : par ensemble (basée sur une fonction de consensus), multiobjective et floue. Le but des méthodes par ensemble est de produire une unique segmentation à partir d'un ensemble de plusieurs segmentation donné. Les méthodes par ensemble tentent à améliorer la qualité des résultats en réduisant le biais induit par chaque méthode, et donc d'améliorer la qualité du résultat final. Elles s'intéressent principalement à : 1) créer des résultats de l'ensemble (différents algorithmes, différentes initialisations, etc.) et 2) définir une fonction permettant de trouver la partition consensuelle finale. Pour les méthodes basées sur les fonctions de consensus, Ghaemi et al. [68] distingue essentiellement : le vote, fonction basée sur la co-association, fonction basée sur l'information mutuelle, fonction basée sur les graphes et le modèle du mélange fini. Pour la famille des méthodes multiobjectives, le but est d'optimiser simultanément plusieurs critères de segmentation. Ceci revient à mieux saisir la notion de cluster en définissant explicitement différentes fonctions objectives. Ces méthodes permettent de produire un ensemble de solutions qui sont des compromis de différents objectifs utilisés.

La troisième famille de méthodes de combinaison est basée sur la notion de floue. Dans ces méthodes, les sous-ensembles d'objets sont traités dans le but de trouver une structure commune en accord avec toutes les méthodes de segmentation.

En conclusion, nous pouvons dire que les méthodes de segmentation par ensemble ne s'intéressent qu'à la création du résultat consensuel final et négligent l'étape de la génération des résultats initiaux. Ces méthodes introduisent un nouveau biais, relatif à la fonction objective choisie pour combiner les différents résultats. D'autant plus, pour obtenir des résultats pertinents il faut générer de nombreuses partitions. Ces problèmes sont partagés avec les méthodes multiobjectives. Ces méthodes génèrent de très nombreuses solutions pour s'assurer de trouver des résultats pertinents. De plus, les méthodes multiobjectives exigent l'intervention de l'expert pour le choix du résultat final de fait qu'elles génèrent des résultats hétérogènes. Pour les méthodes floues, elles offrent des fondements théoriques solides, mais ces méthodes ne proposent pas de solution à de nombreux problèmes (nombre de clusters différents, correspondance entre les clusters, passage à l'échelle, etc.) [64].

A.6 Conclusion

La segmentation d'images est une tâche ayant pour but de trouver des clusters au sein d'une image. Dans cette annexe, nous avons exposé les familles de méthodes de segmentation. Ensuite, nous avons présenté les problèmes liés à la segmentation. Enfin, nous avons étudié les méthodes de combinaison des résultats issus de l'application de plusieurs méthodes de segmentation. En effet, l'objectif de la combinaison est de tirer parti des informations fournies par différents méthodes pour améliorer la qualité de l'image segmentée finale. L'étude des différentes propositions existantes pour combiner plusieurs résultats de segmentation nous a permis de dégager les problèmes qui accompagnent chaque famille de méthodes.

B Mesures d'intérêt

Sommaire

B.1 Introduction

Les mesures d'intérêt jouent un rôle important dans la fouille de données. Ces mesures sont destinées à la sélection et le classement des modèles en fonction de leurs intérêts potentiels pour l'utilisateur. Un modèle est dit intéressant s'il est une source de forte attention de la part des utilisateurs. En effet, un utilisateur peut trouver un modèle intéressant pour des diverses raisons. Pour d'autres utilisateurs, ce même modèle n'est pas intéressant.

Dans la littérature, il existe plusieurs mesures d'intérêt. Ces mesures peuvent se classifier généralement à des mesures objectives ou subjectives. Elles peuvent être appliquées pour divers types de modèles afin d'analyser leurs propriétés théoriques, les évaluer de manière empirique et de suggérer des stratégies pour sélectionner les mesures appropriées pour des domaines particuliers et des exigences différentes.

Cependant, la capture de toutes les fonctionnalités de l'intérêt d'un modèle dans un seul coup pour une seule mesure est très difficile. Ainsi, le choix d'une bonne mesure demeure un défi majeur pour la communauté de fouille de données.

Dans la littérature, plusieurs critères ont été proposés pour identifier une bonne mesure. Dans la présente annexe, nous commençons par présenter les mesures d'intérêts. Ensuite, nous exposons une étude comparative de quelques mesures d'intérêt.

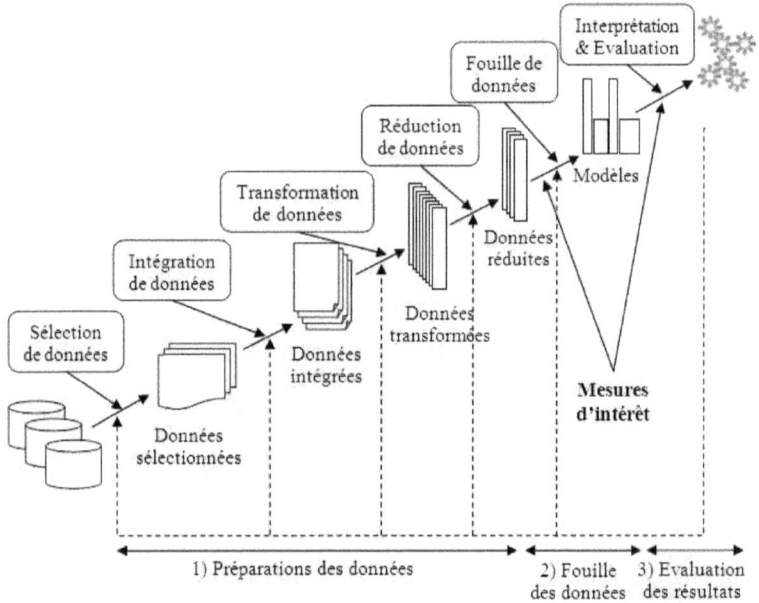

Figure B.1 — Position de la mesure d'intérêt dans le processus ECBD.

B.2 Mesure d'intérêt

La figure B.1 décrit la position de l'étape de mesure d'intérêt dans le processus d'ECBD. Elle peut être en amont de l'étape de fouille de données. Ainsi, les mesures d'intérêt peuvent être utilisées afin de réduire la taille de données et de ne laisser appliquer les méthodes de la fouille de donnes que sur les données intéressantes. La deuxième position de l'étape de mesure d'intérêt est aval de la fouille de données. C'est la position la plus couramment utilisée visant à identifier les connaissances intéressantes trouvées par les méthodes de fouilles de données.

B.2.1 Les critères de choix de mesures d'intérêts

En littérature, il existe essentiellement neuf critères pour évaluer si une règle découverte est intéressante ou non. Ces critères sont :
  – **Concision**. Une règle est *concise* si elle contient relativement peu de paires attribut-valeur, tandis qu'un ensemble de règles est concis s'il est relativement réduit. Ainsi, une règle ou un ensemble de règles est relativement facile à com-

prendre et à mémoriser et s'ajoute plus facilement à la connaissance de l'utilisateur.

– **Généralité / couverture**. Une règle est *générale* si elle couvre une partie relativement importante d'un ensemble de données. La généralité (ou couverture) mesure l'exhaustivité d'une règle. Si une règle décrit plusieurs informations dans l'ensemble de données, elle est considérée comme intéressante.

– **Fiabilité**. Une règle est *fiable* si la relation décrite par la règle se produit dans un pourcentage élevé de cas d'applications. Par exemple, une règle de classification est fiable si ses prédictions sont très précises, et une règle d'association est fiable si elle a une grande confiance.

– **Particularité**. Une règle est *particulière* si elle est loin d'autres règles découvertes selon certaines mesures de distance. Les règles particulières sont générées à partir des données particulières (ou atypiques), qui sont relativement peu nombreuses et très différentes du reste de données. Les règles particulières peuvent être inconnues à l'utilisateur, et donc intéressant.

– **Diversité**. Une règle est *diverse* si ses éléments diffèrent considérablement les uns des autres. Un ensemble de règles est diverse, si les tendances dans l'ensemble diffèrent considérablement les uns des autres.

– **Nouveauté**. Une règle est nouvelle à une personne s'il ne la connaît pas avant et il n'est pas capable de la déduire à partir d'autres règles connues. Les systèmes de fouille de données ne représentent pas tout ce qu'un utilisateur connaît, et donc, la nouveauté ne peut être mesurée explicitement par référence aux connaissances de l'utilisateur. De même, les systèmes de fouille de données ne représentent pas ce que l'utilisateur ne sait pas, et donc, la nouveauté ne peut être mesurée explicitement par référence à l'ignorance de l'utilisateur. Une règle est considérée comme nouvelle si elle ne peut pas être déduite à partir des règles précédemment découvertes.

– **Surprise**. Une règle est *surprenante* (ou inattendue) si elle contredit les connaissances actuelles de la personne ou ses attentes. Une règle qui est une exception à une règle plus générale qui a été déjà découverte peut être considérée comme surprenante. Les règles surprenantes sont intéressantes car elles identifient les défaillances dans les connaissances antérieures et peuvent suggérer un aspect de données qui doivent encore être étudiées.

– **Utilité**. Une règle est *utile* si son utilisation par une personne contribue à atteindre un but. Différentes personnes peuvent avoir des objectifs divergents concernant les connaissances qui peuvent être extraites d'un ensemble de données. Par exemple, une personne peut être intéressée par trouver toutes les ventes avec des profits élevés dans un ensemble de données de transaction, tandis qu'une autre peut être intéressée par trouver toutes les transactions avec de fortes augmentations des ventes brutes. Ce genre d'intérêt est basé sur la définition de fonctions d'utilité en plus des données brutes.

– **Actionnabilité / Applicabilité**. Une règle est *actionnable* (ou applicable) dans un domaine si elle permet la prise de décision concernant les actions futures dans ce domaine. L'actionabilité est parfois associée à une stratégie de sélection des règles.

B.2.2 Classification des mesures d'intérêts

B.2.2.1 Mesures d'intérêts objectives

Les mesures objectives d'intérêt permettent de juger la pertinence des règles découvertes selon leurs structures et les données utilisées dans le processus de découverte. Ces mesures sont fortement indépendantes de l'utilisateur et du domaine. Ceci augmente leurs applicabilités dans des situations différentes. Cependant, la propriété d'indépendance de ces mesures limite le pouvoir de discrimination des règles intéressantes. Par conséquent, les mesures objectives ne peuvent pas saisir toutes les complexités et les variabilités du processus de découverte de connaissances intéressantes. Les mesures d'intérêt objectives sont généralement basées sur un calcul mathématique. Elles sont destinées à formaliser la concision, la généralité, la fiabilité, particularité, ou la diversité.

Dans la littérature, plusieurs mesures objectives d'intérêt ont été proposées. Parmi ces mesures, nous citons : Facteur de certitude (F.C), Piatetsky-Shapiro (P.S), Smyth et Goodman (J.M), Kamber et Shinghal (K.S) et Gago et Bento (G.B.I).

- **Facteur de certitude**

Le facteur de certitude ($F.C$) permet de mesurer la précision des règles [130].

$$F.C = max(\frac{p(Y/X) - p(Y)}{1 - p(Y)}, \frac{p(X/Y) - p(X)}{1 - p(X)}) \qquad (B.1)$$

Où max est la fonction maximum et p est la fréquence relative.

- **Mesure d'intérêt de Piatetsky-Shapiro**

La mesure d'intérêt de Piatetsky-Shapiro ($P.S$) est utilisée pour quantifier la corrélation entre les attributs d'une règle de classification [121]. La mesure de $P.S$ est donnée par l'équation suivante :

$$P.S = |X \cap Y| - \frac{|X||Y|}{N} \qquad (B.2)$$

Où N est le nombre total de tuples dans la base de données, $| X |$ et $| Y |$ sont les nombres de tuples satisfaisant les conditions X et Y respectivement. $| X \cap Y |$ est le nombre de tuples satisfaisant X → Y et $| X | | Y |$ /N est le nombre de tuples attendu si X et Y sont indépendants.

Selon les valeurs de la mesure $P.S$, nous pouvons évaluer la qualité des règles extraites :

- $P.S = 0$, alors X et Y sont statistiquement indépendants et la règles n'est intéressante.
- $P.S > 0$ ($P.S < 0$), alors X est positivement (négativement) corrélée avec Y. Dans ce cas, nous pouvons affirmer que ces règles sont intéressantes.

– **Mesure d'intérêt de Smyth et Goodman (J-Mesure)**
La mesure d'intérêt de Smyth et Goodman (*J.M*) [117] est utilisée pour trouver les meilleures règles reliant les attributs discrets. La mesure *J.M* est donnée par l'équation suivante :

$$J.M = p(Y)[p(X/Y)log(\frac{p(X/Y)}{p(X)}) + (1 - p(X/Y)log(\frac{1 - p(X/Y)}{1 - p(X)})] \qquad (B.3)$$

Où p(Y), p(X) et p(X/Y) sont, respectivement, les probabilités d'occurrence de Y, X et X sachant Y. *p* est la probabilité de la règle "Si X alors Y".

– **Mesure d'intérêt de Kamber et Shinghal**
La mesure d'intérêt de Kamber et Shinghal (*K.S*) [137] détermine la qualité d'une règle de classification en se basant sur les deux critères : discriminant et caractéristique des règles.
Une règle discriminante X → Y (où X désigne l'évidence et Y l'hypothèse) indique les conditions nécessaires pour distinguer une classe d'une autre.
Une règle caractéristique Y → X, indique les conditions nécessaires pour l'appartenance d'une classe.
Dans notre travail, nous sommes intéressés par les règles caractéristiques dont la formule est donnée par l'équation suivante :

$$K.S = \begin{cases} (1 - \frac{p(X\setminus\neg Y)}{p(X\setminus Y)p(X)}, & Si \ 1 < \frac{p(X\setminus Y)}{p(X\setminus\neg Y)} < \infty \\ 0, & Sinon \end{cases} \qquad (B.4)$$

La mesure *K.S* donne des valeurs dans l'intervalle [0, 1] avec 0 et 1 représentent, respectivement, le minimum et le maximum d'intérêt.

– Mesure d'intérêt de Gago et Bento
Dans [43], Gago et Bento ont proposé une mesure (*G.B.I*) pour distinguer les règles extraites ayant la plus grande distance moyenne entre elles. *G.B.I* est développée en se basant sur les informations concernant la structure et la statistique des règles tels que le nombre et les valeurs d'attributs [66].

$$G.B.I = \begin{cases} \frac{DA(R_i,R_j)+2DV(R_i,R_j)-2EV(R_iR_j)}{N(R_i)+N(R_j)}, & Si \ NO(R_i, R_i) = 0 \\ 2, & Sinon \end{cases} \qquad (B.5)$$

– $DA(R_i, R_j)$ est la somme des attributs dans R_i et non dans R_j, et le nombre d'attributs dans R_j et non dans R_i.
– $DV(R_i, R_j)$ est le nombre d'attributs dans R_i et R_j ayant des valeurs légèrement en chevauchement.
– $EV(R_i, R_j)$ est le nombre d'attributs dans R_i etR_{ij} ayant des valeurs en chevauchement.
– $N(R_i)$, $N(R_j)$ sont respectivement le nombre d'attributs dans R_i et R_j.
– $NO(R_i, R_j)$ est le nombre d'attributs dans R_i et R_j avec des valeurs qui ne sont pas en chevauchement.

La mesure $G.B.I$ donne des valeurs allant de -1 à 1 ou une valeur égale à 2 [100]. Une règle est considérée comme intéressante si elle a la plus grande distance moyenne aux autres.

Les mesures objectives d'intérêt sont en rapport avec les statistiques et les structures des règles. Bien que ces mesures offrent une vision sur la structure et la composition des règles, elles ne permettent de capturer toutes les complexités du processus ECBD. D'autant plus, ces mesures ne permettent de mettre en valeur les aspects intéressants, généralement cachés, produits par les méthodes de fouille de données. Par conséquent, les mesures subjectives qui opèrent en comparant les croyances d'un utilisateur contre les modèles découverts par les méthodes ECBD, aident à améliorer la qualité des règles trouvées.

B.2.2.2 Mesures d'intérêts subjectives

Les mesures subjectives dépendent essentiellement des buts, des connaissances et des intérêts de l'utilisateur qui doivent être préalablement recueillis. Or, les buts, les croyances et les connaissances diffèrent d'un utilisateur à un autre ; ce qui influe sur la mesure d'intérêt des règles découvertes. Cette variation dans l'intérêt renforce l'importance de l'intégration de la subjectivité dans l'évaluation de l'intérêt.

La mesure d'intérêt subjective reflète le degré d'accord entre les règles découvertes et le modèle basé sur connaissance/expectation du domaine prescrit par l'utilisateur [134]. Dans la littérature, plusieurs mesures subjectives d'intérêt ont été proposées. Parmi ces mesures, nous citons : actionnabilité (ACT), surprise (SU) et nouveauté (NO).

- **Actionnabilité (Actionability)**
L'actionnabilité (ACT) [141] est une mesure importante de la qualité des règles. En effet, les utilisateurs sont intéressés de connaitre les connaissances qui facilitent la prise de décision. Les règles actionnables sont définies comme des règles permettant de prendre des actions spécifiques en réponse des connaissances découvertes. Selon cette définition, les règles spatiotemporelles découvertes par notre approche sont actionnables lorsqu'ils révèlent un changement de l'occupation du sol nécessitant une attention et une intervention humaine. Par exemple, si nous considérons une zone végétation. Une règle exprimant une évolution de cette zone vers une zone aride avec un pourcentage de changement supérieur à 20% et une confiance pour ce changement égale à 70% est une règle actionnable.

- **Surprise (Unexpectedness)**
La deuxième mesure d'intérêt subjective utilisée dans notre travail est la mesure d'intérêt surprise (SU) ou l'aspect innattendu [118]. Selon cette mesure, les règles sont considérées intéressantes si elles ne sont pas connues à l'utilisateur ou elles contredisent ses connaissances. Par exemple, si l'évolution spatiotemporelle d'une zone végétation (champs de blé) indique que la récolte de blé va subir une baisse par rapport à l'année précédente. Ce résultat est sûrement inattendu. Ainsi, l'utilisateur va chercher les raisons de cette baisse imprévue et va s'apercevoir que ceci est dû à une évolution anormale du blé indiquant une affection possible. Les

connaissances inattendues sont importantes de fait qu'elles contredisent nos attentes et peuvent aboutir à des résultats importants nécessitant parfois une prise de décision ou une intervention humaine immédiate.

– **Nouveauté (Novelty)**

Une des caractéristiques importantes d'un système d'ECBD est sa capacité d'extraire des nouvelles connaissances. Cette caractéristique est nommée la nouveauté (NO) qui est considérée comme une principale mesure subjective d'intérêt. Ludwig *et al.* [103] définie la nouveauté comme suit : " une hypothèse H est nouveau, tout en considérant un en ensemble de croyances B, si et seulement si H n'est pas dérivable de B". Dans notre approche, une règle est considérée comme nouvelle si elle ne peut pas être déduite à partir des règles précédemment découvertes. La façon simple de calculer ceci est de chercher les règles découvertes et les comparer avec les règles existantes. Si nous considérons le cas de la règle suivante :

R1 : SI $similar(S_q,t,S_p,t_1)$ ALORS $change(S_q,S_1,t',per_1,deg_1)$ ET $change(S_q,S_2,t',per_2,deg_2)$ ET $change(S_q,S_3,t',per_3,deg_3)$ $(conf)$.

R1 est considérée comme nouvelle si S_1 ou S_2 ou S_3 ne sont pas des états auxquels S_q peut évoluer. Ainsi, si nous voulons suivre le changement de l'occupation du sol d'une zone Z donnée, une illustration des règles nouvelles est de découvrir des nouveaux types d'occupation du sol qui n'existent pas avant dans la zone Z. La façon simple de découvrir la nouveauté des règles est de chercher si les types d'occupation du sol pour lesquels évolue S_q appartiennent au contexte de la zone étudiée ou non.

Ainsi, nous remarquons que les mesures d'intérêt objectives et subjectives sont complémentaires. Par conséquent, combiner ces deux types de mesures dans un système d'ECBD permet d'améliorer la qualité de découverte des règles pertinentes. En effet, chaque règle a des valeurs spécifiques pour chaque critère de mesure d'intérêt. Ces valeurs servent à décider la pertinence d'une règle donnée.

B.3   Etude comparative des mesures d'intérêts

L'efficacité d'une mesure dépend fortement de plusieurs contraintes telles que la nature des règles, les attentes des utilisateurs et le domaine d'application. Plusieurs travaux ont essayé de mesurer l'efficacité d'une mesure par rapport à l'autre. Des études ont été élaborées afin de mesurer l'importance d'une mesure d'intérêt dans une situation donnée. Ces études ont fixé des critères d'appréciation des mesures d'intérêt [72]. Parmi ces critères, nous citons :

– (P1) : Une mesure doit être intelligible (ayant un sens "concret") et facile à interpréter

P1 = 0 si l'interprétation de la mesure est difficile

P1 = 1 si la mesure se ramène à des quantités usuelles

– (P2) : Facilité à fixer un seuil d'acceptation de la règle

P2 = 0 si la détermination du seuil est problématique

P2 =1 si la détermination du seuil est immédiate

- (P3) : Mesure non symétrique

    P3(m) = 0 si m est symétrique i.e. si $\forall X \to Y \; m(X \to Y) = m(Y \to X)$

    P3(m) =1 si m est non symétrique i.e. si $\exists X \to Y / m(X \to Y) \neq m(Y \to X)$

- (P4) : Une mesure doit permettre de choisir entre $X \to Y$ et $X \to \overline{Y}$
- (P5) : Une mesure doit être implicative : évaluer de la même façon $X \to Y$ et $\overline{Y} \to \overline{X}$
- (P6) : Une mesure d'intérêt peut être évaluée en fonction du nombre élevé d'exemples de la règle ou en fonction du nombre faible de ses contre-exemples
- (P7) : Mesure croissante en fonction de la taille de l'ensemble d'apprentissage
- (P8) : Valeur fixe a dans le cas de l'indépendance

Le tableau B.1 présente une comparaison des mesures d'intérêt selon les huit critères déjà mentionnés précédemment. La comparaison montre qu'aucune des mesures évoquées ne vérifie simultanément ces différents critères. Cependant, même ces huit critères ne permettent pas de définir une bonne mesure. En effet, selon [72], les auteurs identifient encore 13 autres critères.

Ainsi, le problème de choix d'une bonne mesure reste un problème ouvert pour la communauté de fouille de données.

En littérature, plusieurs études comparatives expérimentales et théoriques ont été proposées pour évaluer les mesures d'intérêt. Parmi ces études, nous citons ARVAL [1]. C'est un atelier logiciel spécialisé dans le traitement des règles d'association extraites dans des bases de données volumineuses. Il réalise l'import/export des jeux de données multi-format contenant des règles d'association obtenues par un algorithme de fouille de données. Puis, il calcul et des indices de qualité objectifs sur ces règles d'association.

Mesure	P1	P2	P3	P4	P5	P6	P7	P8
F.C	1	0	1	0	1	1	1	1
P.S	0	1	0	1	1	1	1	1
J.M	0	1	1	0	0	0	0	1
K.S	1	0	1	0	0	1	1	1
G.B.I	0	0	1	1	1	1	1	1
Actionnabilité	1	1	1	1	1	1	1	1
Surprise	0	0	1	1	1	1	0	0
Nouveauté	1	0	0	1	1	1	1	1

Tableau B.1: Comparaison des mesures d'intérêt.

B.4 Conclusion

La recherche d'intérêt des connaissances issues de la fouille de données est un problème d'actualité. Plusieurs mesures ont été proposées en littérature mais le choix de

---

1. http ://www.polytech.univ-nantes.fr/arval/

la bonne mesure demeure un défi pour la communauté de chercheurs dans le domaine de la fouille de données. Dans cette annexe, nous avons présenté quelques mesures objectives et subjectives d'intérêts. Nous avons exposé, aussi, une étude comparative de quelques critères pour le choix d'une bonne mesure d'intérêt. Nous avons constaté qu'aucune des mesures évoquées ne vérifie simultanément ces différents critères.

D'autant plus, les caractéristiques des mesures indiquent qu'il ya deux approches de résolution de problèmes pour la détection des règles intéressantes. La première concernant les mesures objectives. Cette approche contribuera à la découverte de connaissances solides. La deuxième approche concerne les mesures d'intérêt subjectives. Cette approche consiste à déterminer l'intérêt implicite d'un utilisateur du domaine. Cette approche contribuera à la découverte de connaissances inattendues.

Chacune de ces deux approches prise à part ne permet pas d'identifier parfaitement les règles intéressantes. En effet, plusieurs études montrent que l'efficacité d'une mesure dépend fortement des attentes des utilisateurs, du domaine d'application et de la nature des règles. Ceci justifie le choix d'un cadre du travail basé sur le raisonnement à base des cas utilisé dans le cadre de cette thèse pour identifier les règles intéressantes.

Bibliographie

[1]   C. Agarwal, G. M. Green, J. M. Grove, T. P. Evans, and C. M. Schweik, *A review and assessment of land-use change models : Dynamics of space, time, and human choice*, Gen. Tech. Rep. NE-297. Newton Square, PA : U.S. Department of Agriculture, Forest Service, Northeastern Research Station (2002), 61 p.

[2]   R. Agrawal, J. Gehrke, D. Gunopulos, and P. Raghavan, *Automatic subspace clustering of high dimensional data for data mining applications*, Proceedings of the 1998 acm sigmod international conference on management of data, 1998, pp. 94–105.

[3]   R. Agrawal and R. Srikant, *Fast algorithms for mining association rules*, 20th int. conf. very large data bases, vldb, 1994, pp. 487–499.

[4]   S. Aksoy, *Modeling of remote sensing image content using attributed relational graph, structural, syntactic, and statistical pattern recognition*, Lecture Notes in Computer Science **4109** (2006), 475–483.

[5]   S. Aksoy and R.G. Cinbis, *Image mining using directional spatial constraints*, IEEE Geoscience and Remote Sensing Letters **7** (2010), no. 1, 33–37.

[6]   S. Aksoy, K. Koperski, C. Tusk, G. Marchisio, and J. C. Tilton, *Learning bayesian classifiers for scene classification with a visual grammar*, IEEE Trans. Geosci. Remote Sens. **43** (2005), no. 3, 581–589.

[7]   Y. Alemu, J. Koh, M. Ikram, and D. Kim, *Image retrieval in multimedia databases : A survey*, Fifth international conference on intelligent information hiding and multimedia signal processing, 2009, pp. 681–689.

[8]   K. Arai and A. Basuki, *A cellular automata based approach for prediction of hot mudflow disaster area*, Computational science and its applications, iccsa 2010, 2010, pp. 87–98.

[9]   H. Balzter, P. W. Braun, and W. Kohler, *Cellular automata models for vegetation dynamics*, Ecological Modelling **107** (1998), no. 2-3, 113–125.

[10] H. Bannour, *Une approche sémantique basée sur l'apprentissage pour la recherche d'image par contenu*, Coria 2009, 2009, pp. 471–478.

[11] V. Barra, *Fusion d'images 3d du cerveau : Etude de modèles et applications*, Thèse de doctorat de l'Université d'Auvergne, France (2000).

[12] J.I. Barredo, L. Demicheli, C. Lavalle, M. Kasanko, and N. McCormick, *Modelling future urban scenarios in developing countries : an application case study in lagos, nigeria*, Environment and Planning B : Planning and Design **31** (2004), no. 1, 65–84.

[13] O. Barreteau, F. Bousquet, C. Millier, and J. Weber, *Suitability of multi-agent simulations to study irrigated system viability : application to case studies in the senegal river valley*, Agricultural Systems **80** (2004), no. 3, 255–275.

[14] L. J. Barron, D. J. Fleet, and S.S. Beauchemin, *Performance of optical flow techniques*, Int. Journal of Computer Vision **12** (1994), 43–77.

[15] D. Bellot, *Fusion de données avec des réseaux bayésiens pour la modélisation des systèmes dynamiques et son application en télémédecine*, Thèse de doctorat de l'Université Henri Poincaré, Nancy 1, France (2005).

[16] F. Le Ber, *Un système de reconnaissance d'organisations spatiales agricoles sur images satellitaires*, Proceedings of international conference rfia'2000. paris, 2000, pp. 119–128.

[17] P. Berkhin, *Survey of clustering data mining techniques*, Technical report, Accrue software (2002), 1–59.

[18] T. Berlage, *Analyzing and mining image databases*, Reviews Drug Discovery Today : Biosilico **10** (2005), no. 11, 795–802.

[19] I. Bloch, *Information combination operators for data fusion : a comparative review with classification*, IEEE Transactions on Systems, Man and Cybernetics, Part A : Systems and Humans **26** (1996), no. 1, 52–67.

[20] I. Bloch and H. Maître, *Les méthodes de raisonnement dans les images*, Ecole Nationale Supérieure des Télécommunications-CNRS UMR 5141 LTCI, 2004.

[21] M.D. Boomija and M.Phil, *Comparison of partition based clustering algorithms*, Journal of Computer Applications **1** (2008), no. 4, 18–21.

[22] M. Boubou, *Contribution aux méthodes de classification non supervisée via des approches prétopologiques et d'agrégation d'opinions*, Thèse de doctorat en Statistiques - Informatique, Université Claude Bernard - Lyon I (2007).

[23] A. Boucher, Karen C. Seto, and A. G. Journel, *A novel method for mapping land cover changes : Incorporating time and space with geostatistics*, IEEE Transactions on Geoscience and Remote Sensing **44** (2006), no. 11, 3427–3435.

[24] B. Bouchon-Meunier, *La logique floue et ses applications*, Addison Wesle, 1995.

[25] W. Boulila, K. Saheb Ettabaa, I. R. Farah, and B. Solaiman, *High level adaptive fusion approach : Application to land cover change prediction in satellite image databases*, Sac 2012 27th acm symposium on applied computing, italie, 2012.

[26] W. Boulila, K. Saheb Ettabaa, I. R. Farah, B. Solaiman, and H. Ben Ghézala, *Towards a multiapproach system for uncertain spatio-temporal knowledge discovery in satellite imagery*, ICGST International Journal on Graphics, Vision and Image Processing, GVIP **9** (2009), no. 6, 19–25.

[27] W. Boulila, I. R. Farah, K. S. Ettabaa, B. Solaiman, and H. B. Ghézala, *Improving spatiotemporal change detection : A high level fusion approach for discovering uncertain knowledge from satellite image databases*, Icdm'09 : International conference on data mining, venice, italy, 2009, pp. 222–227.

[28] ――――, *Spatio-temporal modeling for knowledge discovery in satellite image databases*, Coria 2010 : Conférence en recherche d'information et applications, 2010, pp. 35–49.

[29] ――――, *Une approche basée sur la fouille de données pour l'estimation de l'étalement urbain*, 12ème journées scientifiques du réseau télédétection de l'auf, 2010, pp. 47–49.

[30] W. Boulila, I. R. Farah, K. Saheb Ettabaa, B. Solaiman, and H. Ben Ghézala, *A data mining based approach to predict spatiotemporal changes in satellite images*, International Journal of Applied Earth Observation and Geoinformation **13** (2011), no. 3, 386–395.

[31] W. Boulila, I. R. Farah, B. Solaiman, and H. Ben Ghézala, *Interesting spatiotemporal rules discovery : Application to remotely sensed image databases*, VINE The journal of information and knowledge management systems **41** (2011), no. 2, 167 –191.

[32] G. Carneiro, A. B. Chan, P. J. Moreno, and N. Vasconcelos, *Supervised learning of semantic classes for image annotation and retrieval*, IEEE Transactions on Pattern Analysis and Machine Intelligence **29** (2007), no. 3, 394–410.

[33] H. Carrão, P. Gonçalves, and M. Caetano, *A nonlinear harmonic model for fitting satellite image time series : Analysis and prediction of land cover dynamics*, IEEE Transactions on Geoscience and Remote Sensing **48** (2010), no. 4, 1919–1930.

[34] C. Carson, S. Belongie, H. Greenspan, and J. Malik, *Blobworld : Image segmentation using expectation-maximization and its application to image querying*, IEEE Transactions on Pattern Analysis and Machine Intelligence **24** (2002), no. 8, 1026–1038.

[35] F. T. S. Chan, *Application of a hybrid case-based reasoning approach in electroplating industry*, Expert Systems with Applications **29** (2005), no. 1, 121–130.

[36] N. Chelghoum, K. Zeitouni, T. Laugier, A. Fiandrino, and L. Loubersac, *Fouille de données spatiales. approche basée sur la programmation logique inductive*, 6èmes journées d'extraction et de gestion des connaissances, egc 2006, 2006, pp. 529–540.

[37] S. M. Chen and J. D. Shie, *Fuzzy classification systems based on fuzzy information gain measures*, Expert Systems with Applications **36** (2009), no. 3, 4517–4522.

[38] C. H. Cheng, A. W.-C. Fu, and Y. Zhang, *Entropy-based subspace clustering for mining numerical data*, Proceedings of the 5th acm international conference on knowledge discovery and data mining (sigkdd), san diego, ca, 1999, pp. 84–93.

[39] H. D. Cheng and J. R. Chen, *Automatically determine the membership function based on the maximum entropy principle*, 2nd annual joint conf. on information sciences, 1995, pp. 127–130.

[40] E. Chuvieco, *Integration of linear programming and gis for land-use modeling*, International Journal of Geographical Information Systems **7** (1993), no. 1, 71–83.

[41] G. Cleuziou, *Une méthode de classification non-supervisée pour l'apprentissage de règles et la recherche d'information*, Thèse de doctorat de l'Université d'Orléans, France (2004).

[42] O. Colliot, O. Camara, and I. Bloch, *Integration of fuzzy spatial relations in deformable models - application to brain mri segmentation*, Pattern Recognition **39** (2006), no. 8, 1401–1414.

[43] S. Colton and A. Bundy, *On the notion of interestingness in automated mathematical discovery*, International Journal of Human-Computer Studies **53** (2000), 351–375.

[44] S. Corgne, *Modélisation prédictive de l'occupation des sols en contexte agricole intensif : application à la couverture hivernale des sols en bretagne*, Thèse de doctorat de l'Université de Rennes 2 - Haute-Bretagne, France (2004).

[45] S. Corgne, L. Hubert-Moy, G. Mercier, and J. Dezert, *Application of dsmt for land cover land prediction*, Advances and applications of dsmt for information fusion (collected works), 2004, pp. 371–382.

[46] A. Coulet, *Construction et utilisation d'une base de connaissances pharmacogénomique pour l'intégration de données et la découverte de connaissances*, Thèse de doctorat de l'Université Henri Poincaré-Nancy 1, France (2008).

[47] S. Craw, N. Wiratunga, and R. C. Rowe, *Learning adaptation knowledge to improve case-based reasoning*, Artificial Intelligence **170** (2006), no. 16-17, 1175–1192.

[48] R. G. Cromley and D. M. Hanink, *Coupling land-use allocation models with raster gis*, Journal of Geographic Systems **1** (1999), no. 2, 137–153.

[49] M. J. Perestrello de Vasconcelos, S. Silva, M. Tomé, M. Alvim, and J. M. Cardoso Pereira, *Spatial prediction of fire ignition probabilities : Comparing logistic regression and neural networks*, Photogrammetric engineering and remote sensing **67** (2001), no. 1, 73–81.

[50] A. P. Dempster, N. M. Laird, and D. B. Rubin, *Maximum likelihood from incomplete data via the em algorithm*, Journal of Royal Statistical Society B **39** (1977), no. 1, 1–38.

[51] O. Dubovyk, R. Sliuzas, and J. Flacke, *Spatio-temporal modelling of informal settlement development in sancaktepe district, istanbul, turkey*, ISPRS Journal of Photogrammetry and Remote Sensing **66** (2011), no. 2, 235–246.

[52] D. Ducrot, *Méthode d'analyse et d'interprétation d'images de télédétection multi-sources, extraction des caractéristiques du paysage*, Habilitation à diriger des recherches, INP Toulouse, France (2005).

[53] M. J. Egenhofer, *Reasoning about binary topological relations*, 2nd int. symp. on large spatial databases, zurich, switzerland, 1991, pp. 143–160.

[54]   H. Essid, I. R. Farah, V. Barra, and H. B. Ghezala, *Analyse de la variation spatio temporelle des objets dans des images satellitaires à base de modèles de markov cachés couple*, Actes de la conférence extraction et gestion des connaissances, hammamet, tunisie, 2010, pp. 51–58.

[55]   M. Ester, H. Kriegel, S. Jorg, and X. Xu, *A density-based algorithm for discovering clusters in large spatial databases with noise*, Proceedings of 2nd international conference on knowledge discovery and data mining, 1996, pp. 226–231.

[56]   K. Saheb Ettabaa, *Vers une modélisation spatio-temporelle de scènes en imagerie satellitale*, Thèse de doctorat de l'Ecole Nationale Supérieure des Télécommunications de Bretagne, France (2007).

[57]   S. Falahatkar, A. R. Soffianian, S. J. Khajeddin, H. R. Ziaee, and M. A. Nadoushan, *Integration of remote sensing data and gis for prediction of land cover map*, International Journal of Geomatics and Geosciences 1 (2011), no. 4, 847–863.

[58]   I. R. Farah, W. Boulila, K. Saheb Ettabaa, and M. Ben Ahmed, *Multi-approach system based on fusion of multi-spectral images for land cover classification*, IEEE Transactions on Geoscience and Remote Sensing 46 (2008), no. 12, 4153–4161.

[59]   I. R. Farah, W. Boulila, K. Saheb Ettabaa, B. Solaiman, and M. Ben Ahmed, *Interpretation of multisensor remote sensing images : Multi-approach fusion of uncertain information*, IEEE Transactions on Geoscience and Remote Sensing 46 (2008), no. 12, 4142–4152.

[60]   M. Fauvel, J. Chanussot, and J. A. Benediktsson, *Decision fusion for the classification of urban remote sensing images*, IEEE Trans. Geosci. Remote Sens. 44 (2006), no. 10, 2828–2838.

[61]   U. M Fayyad, G. Piatetsky-Shapiro, and Calif. : AAAI Press P. Smyth Menlo Park, *From data mining to knowledge discovery : An overview*, Advances in knowledge discovery and data mining, 1996, pp. 1–30.

[62]   D. Fisher, *Knowledge acquisition via incremental conceptual clustering*, Machine Learning 2 (1987), no. 2, 139–172.

[63]   M. Flickner, H. Sawney, W. Niblack, J. Ashley, Q. Huang, B. Dom, M. Gorkani, J. Hafner, D. Lee, and D.P. Petkovic, *Query by image and video content : the qbic system*, IEEE Special Issue on Content-Based Picture Retrieval System 28 (1995), no. 9, 23–32.

[64]   G. Forestier, *Connaissances et clustering collaboratif d'objets complexes multisources*, Thèse de doctorat de l'Université de Strasbourg, France (2010).

[65]   S. French, *Uncertainty and imprecision : Modelling and analysis*, Journal of the Operational Research Society 46 (1995), no. 1, 70–79.

[66]   P. Gago and C. Bento, *A metric for selection of the most promising rules*, Proc. of pkdd'98 : Principles of data mining and knowledge discovery.

[67]   T. Gajdos, J. M. Tallon, and J. C. Vergnaud, *Decision making with imprecise probabilistic information*, Journal of Mathematical Economics 40 (2004), no. 6, 647–681.

[68]   R. Ghaemi, M. N. Sulaiman, H. Ibrahim, and N. Mustapha, *A survey : Clustering ensembles techniques*, World Academy of Science, Engineering and Technology 50 (2009), 636–645.

[69]   S. Goil, H. Nagesh, and A. Choudhary, *Mafia : Efficient and scalable subspace clustering for very large data sets*, Technical Report CPDCTR-9906-010, Northwestern University (1999).

[70]   B. Gray and M. E. Orlowska, *Ccaiia : clustering categorical attributes into interesting association rules*, Proceedings of the second pacific-asia conference on knowledge discovery and data mining (pakdd'98), melbourne, australia, 1998, pp. 132–143.

[71]   L. Gueguen, *Extraction d'information et compression conjointes des séries temporelles d'images satellitaires*, Thèse de doctorat de l'Ecole Nationale Supérieure des Télécommunications de Paris, France (2007).

[72]   S. Guillaume, D. Grissa, and E. M. Nguifo, *Propriétés des mesures d'intérêt pour l'extraction des règles*, Qdc2010, qualité des données et des connaissances, 2010.

[73]   M. El Hajj, S. Guillaume, and A. Bégué, *Complementary source information cooperation within a decision system for crop monitoring*, International fuzzy systems association world congress and 2009 european society of fuzzy logic and technology conference, 2009, pp. 1496–1501.

[74]   J. A. Hartigan and M. A. Wong, *A k-means clustering algorithm*, Journal of the Royal Statistical Society : Series C (Applied Statistics) **28** (1979), no. 1, 100–108.

[75]   P. Héas and M. Datcu, *Modeling trajectory of dynamic clusters in image time-series for spatio-temporal reasoning*, IEEE Transactions on Geoscience and Remote Sensing **43** (2005), no. 7, 1635–1647.

[76]   S. Haykin, *Neural networks : A comprehensive foundation*, 2ème édition Prentice Hall.

[77]   D. Heckerman, *Bayesian networks for data mining*, Data Min. Knowl. Discov. **1** (1997), no. 1, 79–119.

[78]   G. B. M. Heuvelink and P. A. Burrough, *Developments in statistical approaches to spatial uncertainty and its propagation*, International Journal of Geographical Information Science **16** (2002), no. 2, 111–113.

[79]   S. Homayouni, *Caractérisation des scènes urbaines par analyse des images hyperspectrales*, Thèse de doctorat en Signal et Images, Ecole Nationale Supérieure des Télécommunications de Paris, France (2005).

[80]   Z. Honghui, Z. Yongnian, B. Ling, and Y. Xijun, *Modelling urban expansion using a multi agent based model in the city of changsha*, J. Geogr. Sci. **20** (2010), no. 4, 540–556.

[81]   T. Houet, L. Hubert-Moy, and G. Mercier, *A neural network method to model spatial and temporal changes in remote sensing : a case study on the winter land cover in brittany*, Cybergeo **271** (2003).

[82]   W. Hsu, M. L. Lee, and J. Zhang, *Image mining : Trends and developments*, Journal of Intelligent Information Systems **19** (2002), no. 1, 7–23.

[83]   Y. Huang, L. Zhang, and P. Zhang, *A framework for mining sequential patterns from spatio-temporal event data sets*, IEEE Transactions on Knowledge and data engineering **20** (2008), no. 4, 433–448.

[84]   H. Ichihashi, T. Shirai, K. Nagasaka, and T. Miyoshi, *Neuro-fuzzy id3 : a method of inducing fuzzy decision trees with linear programming for maximizing entropy and an algebraic method for incremental learning*, Fuzzy Sets and Systems **81** (1996), no. 1, 157–167.

[85]   Q. Iqbal and J. Aggarwal, *Cires : A system for content-based retrieval in digital image libraries*, Proc. international conference on control, automation, robotics and vision, 2002, pp. 205–210.

[86]   E. G. Irwin, C. Jayaprakash, and D. K. Munroe, *Towards a comprehensive framework for modeling urban spatial dynamics*, Landscape Ecol **24** (2009), no. 9, 1223–1236.

[87]   S. Jing, L. Zhenshan, and H. Liang, *Fuzzy probability-based landscape prediction model and application*, 2010 international conference on computational aspects of social networks, taiyuan, chine, 2010, pp. 521–527.

[88]   A. Jjumba and S. Dragicevic, *High resolution urban land-use change modeling : Agent icity approach*, Applied Spatial Analysis and Policy, Springer Netherlands (2011), 1–25.

[89]   A. Julea, N. Méger, P. Bolon, C. Rigotti, M. P. Doin, C. Lasserre, E. Trouvé, and V. N. Lazarescu, *Unsupervised spatiotemporal mining of satellite image time series using grouped frequent sequential patterns*, IEEE Transactions on Geoscience and Remote Sensing **49** (2011), no. 4, 1417–1430.

[90]   M. Kamber and R. Shinghal, *Evaluating the interestingness of characteristic rules*, Proceedings of the second international conference on knowledge discovery and data mining, portland, oregon, 1996, pp. 263–266.

[91]   J. P. Kerekes and J. E. Baum, *Spectral imaging system analytical model for subpixel object detection*, IEEE Transactions on Geoscience and Remote Sensing **40** (2002), no. 5, 1088–1101.

[92] G. Lajoie and A. Hagen-Zanker, *La simulation de l'étalement urbain à la réunion : apport de l'automate cellulaire metronamica pour la prospective territoriale*, Cybergeo : European Journal of Geography, Systmes, Modlisation, Gostatistiques, document 405, URL : http ://cyber-geo.revues.org/index11882.html (2007).

[93] C. Largouet, *Aide à l'interprétation d'une séquence d'images par la modélisation de l'évolution du système observé, application à la reconnaissance de l'occupation du sol*, Thèse de doctorat de l'Université de Rennes 1, France (2000).

[94] C. Largouet and M. Cordier, *Timed automata model to improve the classification of a sequence of images*, Ecai'2000, european conference on artificial intelligence, berlin, allemagne, 2000, pp. 156–160.

[95] Hubert-Moy L. Corgne S. Stach N. Le Hegarat-Mascle S. Seltz R., *Performance of change detection using remotely sensed data and evidential fusion : Comparison of three cases of application*, International Journal of Remote sensing **27** (2006), no. 16, 3515–3532.

[96] H. Li and J. F. Reynolds, *Modeling effects of spatial pattern, drought, and grazing on rates of rangeland degradation : A combined markov and cellular automaton approach*, Scale in remote sensing and gis, 1997, pp. 211–230.

[97] T. Li, M. Ogihara, and S. Ma, *On combining multiple clusterings : an overview and a new perspective*, Applied Intelligence **33** (2009), no. 2, 207–219.

[98] T. Lillesand, R. W. Kiefer, and J. Chipman, *Remote sensing and image interpretation*, John Wiley and Sons, Inc., 111 River Street, Hoboken : NJ (2008).

[99] Y. P. Lin, Y. B. Lin, Y. T. Wang, and N. M. Hong, *Monitoring and predicting land-use changes and the hydrology of the urbanized paochiao watershed in taiwan using remote sensing data, urban growth models and a hydrological model*, Sensors **8** (2008), no. 2, 658–680.

[100] B. Liu, W. Hsu, L. F. Mun, and H. Y. Lee, *Finding interesting patterns using user expectation*, IEEE Transactions on Knowledge and Data Engineering **11** (1999), no. 6, 817–832.

[101] X. Liu, X. Li, and G. Anthony, *Multi-agent systems for simulating spatial decision behaviors and land-use dynamics*, Science in China Series D : Earth Sciences **49** (2006), no. 11, 1184–1194.

[102] Y. Liu, Q. Guo, and M. Kelly, *A framework of region-based spatial relations for non-overlapping features and its application in object based image analysis*, ISPRS Journal of Photogrammetry and Remote Sensing **63** (2008), 461–474.

[103] J. Ludwig and G. Livingstone, *Whats new ? using prior models as a measure of novelty in knowledge discovery*, Proc. of the 12th ieee conference on tools with artificial inteliegnce, 2000, pp. 86–89.

[104] J. MacQueen, *Some methods for classification and analysis of multivariate observations*, Proceedings of the fifth berkeley symposium on mathematical statistics and probability, 1967, pp. 281–297.

[105] N. Mamoulis, H. Cao, and G. Kollios, *Mining, indexing, and querying historical spatiotemporal data*, Kdd'04 knowledge discovery in databases, seattle, washington, usa, 2004, pp. 236–245.

[106] J. Martinez, C. Vega-Garcia, and E. Chuvieco, *Human-caused wildfire risk rating for prevention planning in spain*, Journal of Environmental Management **90** (2009), 1241–1252.

[107] B. Mertens and E. F. Lambin, *Spatial modelling of deforestation in southern cameroon*, Applied Geography **17** (1997), no. 2, 143–162.

[108] J. D. A. Millington, G. L. W. Perry, and R. Romero-Calcerrada, *Regression techniques for examining land use/cover change : A case study of a mediterranean landscape*, Ecosystems **10** (2007), no. 4, 562–578.

[109] S. Mitra, K. M. Konwar, and S. K. Pal, *Fuzzy decision tree, linguistic rules and fuzzy knowledge-based network : Generation and evaluation*, IEEE Trans. Systems Man. Cybernetics-Part c Applications And Reviews **32** (2002), no. 4, 328–339.

[110] J. Le Moigne, N. S. Netanyahu, and R. D. Eastman, *Image registration for remote sensing*, Editors. . Cambridge University Press, Cambridge, United Kingdom (2011).

[111] K. Muthu, M. Petrou, C. Tarantino, and P. Blonda, *Landslide possibility mapping using fuzzy approaches*, IEEE Transactions on Geoscience and Remote Sensing **46** (2008), no. 4, 1253–1265.

[112] E. Ostlin, H. Zepernick, and H. Suzuki, *Macrocell path-loss prediction using artificial neural networks*, IEEE Transactions on Vehicular Technology **59** (2010), no. 6, 2735–2747.

[113] M. Paegelow, N. Villa, L. Cornez, F. Ferraty, L. Ferré, and P. Sarda, Cybergeo : European Journal of Geography, Systèmes, Modélisation, Géostatistiques, article 295, mis en ligne le 06 décembre 2004, modifié le 03 mai 2007. URL : http ://cybergeo.revues.org/index2811.html (2007).

[114] D. Parker, S. Manson, M. Janssen, M. Hoffman, and P. Deadman, *Multi-agents systems for the simulation of land-use and land-cover change : A review*, Annals of the Association of American Geographers **93** (2003), no. 2, 314–337.

[115] G. A. Parra, *Modélisation dynamique à l'aide d'images satellitaires et de système d'information géographique : application aux llanos orientales de la colombie*, Thèse de doctorat de l'Université de Rennes I, France (1997).

[116] D. Pfoser and N. Tryfona, *Requirements, definitions and notations for spatiotemporal application environments*, Acm gis'98 proceedings of the 6th acm international symposium on advances in geographic information systems, 1998, pp. 124–130.

[117] G. Piatetsky-Shapiro, *Discovery, analysis and presentation of strong rules*, Knowledge discovery in databases, 1991, pp. 229–248.

[118] G. Piatetsky-Shapiro and C. J Matheus, *The interestingness of deviations*, Proceedings of aaai workshop on knowledge discovery in databases, seattle, washington, 1994, pp. 25–36.

[119] B. Pradhan, E. A. Sezer, C. Gokceoglu, and M. F. Buchroithner, *Landslide susceptibility mapping by neuro-fuzzy approach in a landslide-prone area (cameron highlands, malaysia)*, IEEE Transactions on Geoscience and Remote Sensing **48** (2010), no. 12, 4164–4177.

[120] K. Punera and J. Ghosh, *Consensus-based ensembles of soft clusterings*, Applied Artificial Intelligence : An International Journal **22** (2008), no. 7-8, 780–810.

[121] C. Romero, S. Ventura, and P. De Bra, *Knowledge discovery with genetic programming for providing feedback to courseware authors*, User Modeling and User-Adapted Interaction **14** (2005), no. 5, 425–464.

[122] J. Rushing, R. Ramachandran, U. Nair, S. Graves, R. Welch, and H. Lin, *Adam : a data mining-toolkit for scientists and engineers*, Computers and Geosciences **31** (2005), 607–618.

[123] G. Salton and C. Buckley, *Term-weighting approaches in automatic text retrieval*, Information Processing and Management **24** (1998), no. 5, 513–523.

[124] H. Samet, *Foundations of multidimensional and metric data structures (the morgan kaufmann series in computer graphics and geometric modeling)*, Morgan Kaufmann Publishers Inc. San Francisco, CA, USA, 2005.

[125] F. Sandakly, *Contribution à la mise en oeuvre d'une architecture à base de connaissances pour l'interprétation des scènes 2d et 3d*, Thèse de doctorat de l'Universités de Nice-Sophia Antipolis, France (1995).

[126] P. Schreinemachers, T. Berger, and J. B. Aune, *Simulating soil fertility and poverty dynamics in uganda : A bio-economic multi-agent systems approach*, Ecological Economics **64** (2007), no. 2, 387–401.

[127] R. E.O. Schultz, T. M. Centeno, G. Selleron, and M. R. Delgado, *A soft computing-based approach to spatio-temporal prediction*, International Journal of Approximate Reasoning **50** (2009), no. 1, 3–20.

[128] S. Serneels and E. F. Lambin, *Proximate causes of land-use change in narok district kenya : a spatial statistical model*, Agriculture, Ecosystems and Environment **85** (2001), no. 1, 65–81.

[129] G. H. Shah, C. K. Bhensdadia, and A. P. Ganatra, *An empirical evaluation of density-based clustering techniques*, International Journal of Soft Computing and Engineering (IJSCE) ISSN : 2231-2307 **2** (2012), no. 1, 216–223.

[130] E. Shortliffe and B. Buchanan, *A model of inexact reasoning in medicine*, Mathematical Biosciences **23** (1975), no. 3-4, 351–379.

[131] F. Shoufan, G. Gertner, W. Guangxing, and A. Anderson, *The impact of misclassification in land use maps in the prediction of landscape dynamics*, Landscape ecology **21** (2006), no. 2, 233–242.

[132] _____ , *Prediction of multinomial probability of land use change using a bisection decomposition and logistic regression*, Landscape Ecology **22** (2007), no. 3, 419–430.

[133] S. Siggelkow, M. Schael, and H. Burkhardt, *Simba - search images by appearance*, Pattern recognition, proc. of 23rd dagm symposium, b. radig and s. florczyk, eds. sept. 2001, number 2191 in lncs pattern recognition, 2001, pp. 9–17.

[134] A. Silberschatz and A. Tuzhilin, *What makes patterns interesting in knowledge discovery systems*, IEEE Trans. on Knowledge and Data Eng. **8** (1996), no. 6, 970–974.

[135] M. P. S. Silva, G. Camara, R. C. M. Souza, D. M. Valeriano, and M. I. S. Escada, *Mining patterns of change in remote sensing image databases*, Proceedings of the fifth ieee international conference on data mining (icdm'05), 2005.

[136] E. Simoudis, *Reality check for data mining*, IEEE Expert : Intelligent Systems and Their Applications **11** (1996), no. 5, 26–33.

[137] P. Smyth and R. M. Goodman, *Rule induction using information theory*, Knowledge discovery in databases, 1991, pp. 159–176.

[138] H. H. Tong, J. R. He, M. J. Li, W. Y. Ma, H. J. Zhang, and C. S. Zhang, *Manifold-ranking based keyword propagation for image retrieval*, Journal on Applied Signal Processing **2006** (2006), 1–10.

[139] N. Tryfona and C. S. Jensen, *Conceptual data modeling for spatio-temporal applications*, GeoInformatica **3** (1999), no. 3, 245–268.

[140] A. Vadivel, S. Sural, and A. K. Majumdar, *Integration of keyword and feature based search for image retrieval applications*, Pattern recognition and machine intelligence, 2005, pp. 570–575.

[141] M. Vazirgiannis, M. Halkidi, and D. Gunopoulos, *Quality assessment and uncertainty handling in data mining*, Springer-Verlag, LNAI Series, 2003.

[142] W. Wang, J. Yang, and R. R. Muntz, *Sting : A statistical information grid approach to spatial data mining*, Proceedings of the 23rd international conference on very large data bases, 1997, pp. 186–195.

[143] M. Weinberg, C. L. Kling, and J. E. Wilen, *Water markets and water quality*, American Journal of Agricultural Economics **75** (1993), no. 2, 278–291.

[144] R. White and G. Engelen, *High-resolution integrated modeling of spatial dynamics of urban and regional systems*, Computers, Environment, and Urban Systems **24** (2000), no. 5, 383–400.

[145] A. Zemirline, *Définition et fusion de systèmes de diagnostic à l'aide d'un processus de fouille de données : Application aux systèmes de diagnostic médical*, Thèse de doctorat de l'Université de Rennes 1, France (2008).

[146] L. Zepeda, *Technical change and the structure of production : A non-stationary markov analysis*, European Review of Agricultural Economics **22** (1995), no. 1, 41–60.

[147] T. Zhang, R. Ramakrishnan, and M. Livny, *Birch : An efficient data clustering method for very large databases*, Proceedings of the 1996 acm sigmod international conference on management of data, montreal, quebec, canada, 1996, pp. 103–114.

[148] Z. X. Zhang, H. Y. Zhang, and D. W. Zhou, *Using gis spatial analysis and logistic regression to predict the probabilities of human-caused grassland fires*, Journal of arid environments **74** (2010), no. 3, 386–393.

[149] D. A. Zighed and R. Rakotomalala, *Extraction de connaissances à partir de données (ecd) = knowledge extraction from data (ecd)*, Techniques de l'ingénieur. Informatique **HB4** (2002), no. H3744, H3744.1–H3744.24.

www.ingramcontent.com/pod-product-compliance
Lightning Source LLC
Chambersburg PA
CBHW021104210326
41598CB00016B/1324